cross the border
from desert to ocean

越過邊境

從蠻荒到大洋

目錄

前往破碎的丘陵 broken Hill 70

炎熱的午後，告別了鐵道博物館，也告別了彼得伯勒，一路駛向 Broken Hill。出了鎮，道路兩旁又出現了一種荒涼的況味，炙熱的陽光即使將一幕幕的海市蜃樓籠罩在地表上，那種迷離依然無法將荒涼去除，隨著乾燥的氣旋迎面而來。擋風玻璃上一幕幕的岩漠滄桑演繹著亙古以來的地質風貌，逆風襲來的鉛白色風景讓人感到目盲。

破碎的丘陵　84

高於海平面二百二十公尺的 Broken Hill 是新南威爾斯蠻荒中的唯一城市，它是座典型的礦業城市，世界上最大的礦業集團 BHP Billiton 便是從 Broken Hill 發跡的，至今該公司在 Broken Hill 仍舊有著龐大的產業。看似單調的 Broken Hill，在一次世界大戰中卻有著獨一無二的地位，因為在當地發生了澳洲史無前例的戰爭。當時澳洲遠離歐洲戰火，但在 Broken Hill 爆發的「冰淇淋戰爭」卻將澳洲本土捲入了那場世界大戰裡。

Nowhere 的黃昏　110

Nowhere 是我的日本同學吉田孝子對於 Broken Hill 的形容，她認為 Broken Hill 好似荒郊裡的一處不知名所在，從那裡望去的四野全是無以名之的荒涼岩漠。她說那裡的黃昏很美，美得淒涼，美得動人。
Broken Hill 也是澳洲空中醫療服務 Royal Flying Service Doctor of Australia 的重要據點，這為蠻荒中的人們提供了必要的醫療服務。幅員遼闊的澳洲若是缺乏了這項服務，那麼，許多人可能因此陷入難以預料的危險裡。

目錄

手可及的地步，但在目視的情況下無尾熊搔癢、進食、在樹上移動的動作，清楚地映入眼簾，其動作異常緩慢，甚至連眨眼都令我覺得像是慢動作重播般的緩慢。

往聖地——十二門徒石柱——前進　178
十二門徒石柱是大洋路上最負盛名的旅遊聖地，人們遊覽大洋路的動機多半也是因為此聖地的號召。在澳洲所謂的十大旅遊景點裡，十二門徒石柱即名列其中。

波特蘭　186
波特蘭是維多利亞省最古老的市鎮，也是唯一一個介於阿德雷德與墨爾本之間的深水良港，遲至1985年才真正成為一個市，人口約一萬人左右。因位處波特蘭灣可躲避來自巴斯海峽（Bass Strait）的狂風，因此成為許多船隻靠泊的地方，久而久之便發展成為一個港口。

返回阿德雷德　200
翌日清早，步出帳棚時發現草地上掉落的鴨梨，這倒是少見的風景。拾起鴨梨品嚐，味道意外的甜美，於是又多撿了些，鴨梨成為上路後的意外點心。

德國風的 Hahndorf 小鎮　208
漢道夫小鎮雖由丹麥籍船長 Dirk Meinhertz Hahn 命名，但小鎮的歷史卻直接與德國有關。小鎮由德國人建立，主街上有著美麗林蔭，小巧的麵包店、打鐵舖、巧克力店、皮飾店一一羅列道旁，濃厚的歐洲風在街道間流淌。這裡與澳洲無關，或者說是與英倫無關，來自德國的一切被後人完整保留著，如同時空膠囊一般，散發著日耳曼風情。

澳洲旅遊資訊　218

自序

　　我一開始便覺得很難為這本拙作寫自序，這是第一次我如此地認為。因為我的澳洲跨陸之旅實在很繁雜，一種交錯著美麗與壯闊的心情，使得寫自序成為一項艱難的工作，或者說書寫這個旅行故事本身便是一種很難以預料的負擔。因為光是想像，它就充滿了許多回憶的樂趣，可一旦下筆，卻又覺得五味雜陳，實在難以抒懷，這便是為何我懶於爬梳自己性靈的緣故。似乎讓記憶沉在心靈的底處要比故意去喚醒它更加美麗，因為那種渾沌的意境更為幽微。只是作為一個作者，我又不得不將這底處的記憶搖醒，恍若喝酒一般，那醒酒的輕搖慢晃就足以令飲者癡迷了。就因如此，於作者而言，寫作成為一種抒發的途徑，對於讀者而言，閱讀成為一種被麻醉的目標。

　　回憶著，回憶著，已是台灣溽暑的盛夏，我正遙想著二月底開始的第一次澳洲跨陸之旅。那一次我們從南半球的蠻荒到了大洋。由於南北半球季節相反的緣故，二月底月其實是澳洲的初秋，那時我們沿著南澳往北走到了南澳的北邊、再從新南威爾斯省（New South Wales）的邊緣轉進了維多利亞省（Victoria），接著走大洋之路又回到了阿德雷德，這是我們第一次在澳洲本土進行長途的旅行。之前儘管也曾經開車前往首都坎培拉（Canberra），或者是在新南威爾斯的沿海、雪梨附近的藍山上

逗遊，但那卻是短暫的兩天一夜；以我的標準而言，嚴格說起來那並不算是旅行，倒比較像是散步。澳洲的秋天不像歐陸那般明顯，我們在南澳的北方感覺仍像是盛夏一般。說是盛夏其實是誇

阿德雷德市中心的公共藝術，澳洲人十分擅長公共藝術的創作，澳洲的每一座城市也都有大大小小的公共藝術點綴著。

張一些，因為那裡的白晝最高溫度可達攝氏四十幾度，但真正的炎夏時分其溫度則會飆破五十度。澳洲的幅員實在是太大，當維多利亞省的秋意正濃時，中澳的蠻荒或是北澳靠近赤道地區仍舊籠罩在高溫之下，我們只要看看澳洲的緯度分布就可以清楚地看清它的氣候型態。澳洲南方的大島塔斯馬尼亞（Tasmania）已經接近南極圈，然而澳洲的北方領土達爾文（Darwin）卻又與赤道靠近，於是在澳洲作跨陸旅行時往往得時刻注意氣候上的變化。例如秋天在維多利亞省或是南澳南方露營時，入夜之後睡袋成為絕對的必要裝備，那是因為日夜溫差極為巨大，白晝的溫度或許有三十度的高溫，但是入夜後往往只是五度；但在同時的西澳或是北澳的熱帶及副熱帶地區，其入夜後的氣溫卻可能讓你熱到睡不著。

其實這次澳洲的跨陸之旅也是我們第一次在大陸型國家選擇以租車的方式旅行，只不過澳洲遼闊的幅員讓我們必須以飛機、火車、汽車等等不同方式將二次的跨陸之旅串聯起來。廣大的澳洲本土不比塔斯馬尼亞島一般的小巧，而且即使是塔島，其面積也足足有台灣的兩倍大。我們在三月及之後四、五月的旅行裡，走過了南澳、北澳、新南威爾斯省與維多利亞省（Victoria），還有行政面積最為廣大的西澳，這也是我們首度體會到所謂的蠻荒

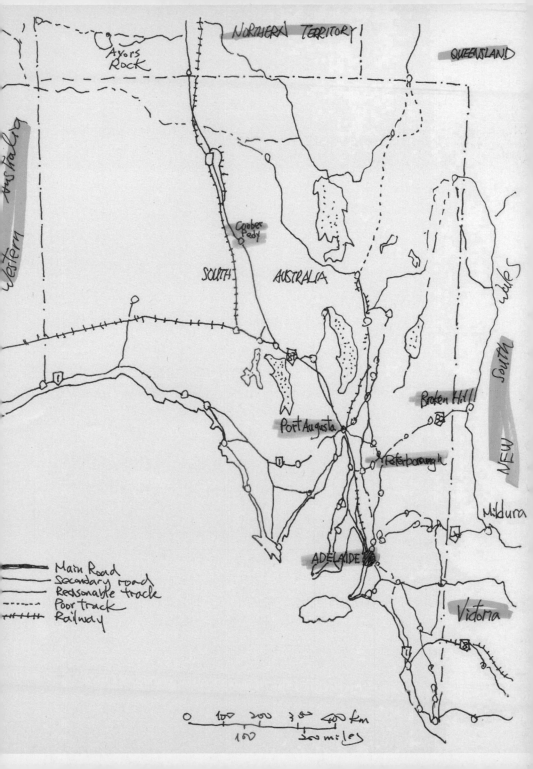

（outback）地區的魅力。澳洲的狂野從蠻荒裡一覽無遺，我從未領受過那樣壯闊的風景，對於我個人而言，這次旅行是一種全新的感受，一種精神上的洗禮。

在這本旅行文學與攝影集中，我試圖刻劃出我所見到的澳洲

阿德雷德港的某個角落，那裡的建築物十足帶有殖民色彩。

風光。只是那風景著實太震撼人心，儘管可以透過鏡頭的言說傳達，然而澳洲狂野的景色實在過於美麗，因此總有意猶未盡的遺憾。澳洲的狂野之美是必須親臨現場才能真正的理解，也唯有設身處地的理解，那麼文字的傳達才有可能被意會。

　　由衷地希望讀者能透過拙作理解屬於澳洲美麗壯闊的那個部分，也衷心地希望我已經傳達了澳洲的狂野之美！

李昱宏 於台灣嘉義

第一部 蠻荒

從阿德雷德到奧古斯塔港

匆忙中的出發

在二月中的兵荒馬亂裡，終於將論文提交了。指導教授同意我提交論文，代表了博士研究算是短暫地告一段落。之所以說是「短暫」，是因為接下來的論文審核可能會長達六個月，而在論文審核的時間裡，於課業上我是無事可做的；對於一個之前每日埋首書堆的研究生而言，這其實是莫大的恩賜。我於博士攻讀期間其實也曾經兩度偷閒，第一次是到紐西蘭的南島，第二次則是到澳洲南方的大島塔斯馬尼亞。兩次的偷閒儘管時間上不長不短，但是在心境上卻又未必是放鬆的，因為我始終知道自己的博士研究還未結束，或者說是學術研究沒有結束的一天。但論文的提交始終是個里程碑，更何況當時的我連博士論文都尚未動筆。之所以偷閒也是因為想擺脫那種無以名狀的苦悶，或者說只是拿旅行當作逃離現實的遁詞罷了。總之我按奈不住對於旅行的想望，於是那兩次的偷閒也算是偷得美麗。

在澳洲攻讀博士都是以by research的方式進行的，即使是碩士也有以by research的方式進行的，但是碩士生以by research方式攻讀的比較少，一般人選擇攻讀碩士多半都還是以by course的方式。這種by research的方式我在英國時便已經知道，我認識幾個研究生就是以by research方式完成學業的。但因為我的碩士是以by course的方式取得，因此對於所謂的by research方式還是感到陌生。所謂的

阿德雷德與雪梨相較之下顯得小巧，但是那裡的大學建築物卻比雪梨市的好看得多。

by research方式就是研究生自行從事研究，而指導教授採取一對一的方式指導。對於許多國家的博士生而言這頗為正常，畢竟許多國家的博士生不只要做研究，還要上課（by course）、修學分，但這頗為正常的部分其實才是最艱難的所在，因為by research意味著無止盡的閱讀與反覆思考辯證——就像是牛在草原上吃草一般，那是放牧不是圈牧。往往一個簡單的問題，指導教授會要求你讀

上幾十本書、期刊等等。因此若是從事的是人文社會研究，則鎮日待在研究室是常態；而從事自然科學研究的話則往往以實驗室為家，我便認識一個讀癌症細胞研究的朋友經常睡在實驗室裡。

二月底，指導教授在看完論文之後，要求結論部分再行補強，我在一天之內便將補強的文章寫了出來，他也在一天之內回覆，之後經過再次討論，他便同意我提交論文。那個午後，我將裝訂好的三份論文交給了Graduate School之後，整個人的確有如釋重負的感覺，畢竟這糾纏我許久的陰魂，總算被暫時地擺平了。我的指導教授Tony與副指導教授Katrina都知道我酷愛旅行，他們也知道我即將從事跨越澳洲的長途旅行，而他們兩人儘管是澳洲人，卻少有機會進行那樣的旅行。對於他們而言，如此的旅行是一種大冒險，對於我而言也是如此，因為我從未在這樣廣袤的大地上駕車奔馳。

論文的提交是在週五，周日則是我與房東的租賃契約終止之日。我對於那位原籍東歐斯若伐克的房東素來並無好感，他不僅小氣而且喜歡找麻煩，在我的看法裡他是那種典型的東歐移民——原來在鐵幕中生活的人一旦到了自由世界便變得囂張起來，儘管他已經在澳洲定居了二十幾年了，卻仍舊不改那種共產習氣。在租屋期間，我算是最安靜、最準時交租的房客，那是因為我平日便早出晚歸，加上居住習慣很「保守」很「安靜」，因此那位原籍菲律賓的房東太太對於我們很是喜歡。我們在那裡是唯二的亞洲人，其餘的住客都是來自東歐的斯若伐克或捷克。房東由於經常不在，因此平常與我對話的窗口都是菲律賓籍的房東太太。我和她平常的交情其實算是不錯，但就在我們要離開的那晚，情況卻有了一點變

化。其實早在一個月前，我就幾番通知房東說我們要搬家了，只是那剛剛從泰國渡假回來的房東似乎不當一回事，於是當我們開始收拾東西時，房東才氣急敗壞地質問我為何將屬於資源回收的紙盒、瓶瓶罐罐等等塞滿了資源回收的垃圾桶。

「若不是放這裡的垃圾桶，請你告訴我要將這些紙盒、瓶罐等等放到哪裡？」我問。

「總之，你這樣我很難處理！」那嚴肅小氣的房東面露不悅的說著。

他實在找不到正當的理由反駁我，於是含糊其詞，嘴裡念念有詞的繞了半天，我則來個相應不理。因為我反正也沒什麼需要忌諱的，這種事情在雪梨經常發生。原因在雪梨的「住」是留學生、外籍人士、甚至是本地澳洲人的一大惡夢，許多惡房東經常找各種各樣的理由故意扣住房客押金，我之前就曾經遇過這樣的印度房東，結果將他告進了法院，最後不僅連本帶利拿回了押金，連訴訟費都由那位惡房東埋單。

最後一晚我們請來了房東太太檢查房間，房東太太卻說房間不夠乾淨。當初我們搬進那房間時，房間裡的一切其實是有點髒亂的，那電視機蒙了一層灰塵，廁所磁磚的間隙裡也長著青苔，我們好歹也將它整理一番了。不明就裡的房東太太顯然並不知道我們隔幾小時之後便要搭乘澳洲國內線班機前往Adelaide（阿德雷德），她竟然說若是我們於午夜十二點終止合約後便不能使用浴室，這倒是有點天方夜譚，因為我們在那裡住了將近兩年，對於這點爭議我實在已經感到不耐煩，不過這時那位惹人厭的房東倒足有點良心。

「無所謂！大家都認識這麼久了，用用浴室也沒什麼，明日一早你們也離開了這裡，這就算是我們之間的完美句點吧。」他的臉上掛著微笑說著。

沒想到平常錙銖必較的房東先生倒也突發善心，如此也就省下與他們周旋的時間了。當我們把那斗室再行整理一遍之後，房東太太便再沒異議，此時約莫已是半夜一點了，而我們所搭乘的Jetstar班機在清早的六點半便要起飛，這也意味著我們必須在四點半左右抵達機場。由於澳洲的國內線班機很普遍，加上國內線航班的check-in手續非常電腦化，晚到的旅客往往得匆匆忙忙地趕飛機。這是因為大多數旅客都已經懂得以機器操作check-in，而一些不諳電腦化操作的旅客依舊臨櫃辦理登機，若是以電腦化方式check-in時，那麼臨櫃只需要辦理行李拖運即可，只不過有許多旅客仍舊以傳統的方式check-in，於是時間便可能被拖延了。

將「房事」完全搞定大約已經是兩點多了，其實也沒有睡，四點半一到計程車便已經到了門口，所幸我們住的Tempe區與機場很近，無須花太多時間在交通上。只是臨別時的一團凌亂，幾乎搞得我們人仰馬翻。而且那晚原本答應我們載運行李到學校存放的朋友竟然放了我們鴿子，我這才發現年輕女孩果然是難以被信任的，尷尬的是那兩個女孩之一還是自己的台灣同胞。於是那晚的十點多，我還忙著搭公車搬運行李到學校的研究室去。就在這樣一團事情絞成一塊的當下，我們於忙亂間暫時與雪梨道別了。

阿德雷德

　　我從未去過阿德雷德（Adelaide），之前曾聽朋友形容過，說那裡有免費的電車，有涼涼的微風。我記得小時候看過一部卡通，描述英國人登陸阿德雷德殖民的故事，除了這部卡通之外，我對那裡並沒有太多的認識。當飛機飛抵阿德雷德時，我往窗邊一看，那櫛比鱗次的屋舍與澳洲其他地方並無太大的不同。阿德

從飛機俯瞰的阿德雷德。

雷德的規模似乎比雪梨小了許多，也比後來我們去過的西澳Perth（柏斯）小了一點，這個南澳的首府似乎有著小巧的面貌，或者說在飛機上俯視的情況下我低估了她？

出了機場之後搭上公車往市區前去，下車後我們背著沉重的大大小小行李往Europcar租車公司走去。所幸租車公司的距離不算太遠，否則走起路來豈是三言兩語可以道盡。

阿德雷德的電車。

　　一開始我們對於阿德雷德的印象有些粗淺，這裡的人們一如大家口中所說的和善，機場巴士的公車司機親切地告訴我們如何在下車之後走往租車公司；這裡也比雪梨悠閒，只不過我們發現此地的大陸移民不比雪梨少，黑人、原住民（aboriginal）也比雪梨多很多；至於市容則比雪梨有秩序一些，大約是因為人口較為稀少的原因。畢竟雪梨的人口已經突破了四百三十萬大關，而阿德雷德目前只有一百一十萬人左右。這大概就是我們對阿德雷德最初的印象。

　　這回我們的行李其實包含了一些多餘的衣物，那純粹是因為前晚還在搬家之故。原本我們的旅行都是講究輕裝簡從的，無奈這回多了一些累贅，不過這原本也在預計當中。由於我們打定主意決定租車旅行，因此總以為可以把租車當作一個簡便的家。租車？那是因為考慮了許多旅行方案而得出的最終結果。我初抵澳洲時曾考慮買一輛二手車當作代步工具，澳洲的二手車一向很便宜，只是因為我們搬來搬去始終都在雪梨市區內活動，若是買一部二手車還得負責養車，而人工在澳洲可一點也不便宜，尤其是對我這種沒收入的窮留學生而言更是一大負擔，於是放棄了買車的念頭。不過，若是住在郊區的市鎮，則勢必要買車，因為澳洲的郊區十分空曠，若是沒車，基本上連買菜都會成為一個大問題。

　　再者，租車對於我們而言算是最為划算的方案，因為澳洲的交通貴到令人咋舌。一般而言，打算長期在澳洲旅行的人要不自己買部二手車，要不就租車旅行。我甚至在西澳遇見過一對德國夫妻在澳洲買了一輛全新的休旅車，然後在旅行半年之後以很不錯的價錢脫手賣掉的例子。不過即使是租車都得看準時間下手，因為越

早租車其租車價錢越便宜，而我們當然是看準了時間才下手的。

　　Europcar租車公司是一家國際租車公司。在澳洲跨陸之旅中，我們前前後後與幾家國際租車公司打過交道，其中服務最好的就是這家，而最糟糕、最惡劣的該算是Hertz。

　　我們租的是一部韓國現代的小車Gertz。那部車在澳洲的銷售非常好，因為它的售價最便宜，於是大多數的租車公司都有大批這款車，我因為只習慣開手排車，所以剩下的選項便不多；在澳洲若是指定要租用手排車的話，那麼租到Gertz的機率極高。那小車基本上也符合需求，除非你把它當越野車使用，否則問題不大。不過相信我，這機率的確是有的，至少我在西澳便真的這樣嘗試過。我們租的小Gertz很新，是一輛才跑了三萬多公里的新車，火紅的顏色很亮麗，儘管車身小巧，不過該有的設備都算齊全，唯二的缺點是上坡起步時有濃厚的油煙味，還有在換檔時排檔有些緊迫的感覺，就像是在拉弓時未能拉滿一般，但是以它的價格而言，或是說以韓國車的標準而言，我大概也難以苛求它了。

　　約莫九點，便抵達租車公司，櫃檯的服務小姐很親切的向我們解釋南澳的一些路況須知。我們並沒有購買額外的保險，因為我相信我的駕駛不至於會有什麼閃失。保險在澳洲總是一種困擾，儘管租車公司已經給付了大多數的保險，但是那並不是全保，因此小心翼翼的租車者往往會加保全險，或是至少保個半險，而我這種粗枝大葉型的租車者則往往很少自掏腰包買保險。

阿德雷德市區的典雅購物中心。

　　我們先將行李擱在租車公司裡，然後便信步走向附近的街道。租車公司的所在地剛好在市中心，因此那一帶的街道總有繁忙的人群穿梭，加上那天剛好又是週日，於是熙來攘往的人們川流不息地點綴著阿德雷德的風景。我帶著我的雪梨大橋紀念帽出門，那頂螢光黃綠色的棒球帽是我在澳洲旅行時的必備。走著走著，路旁一家露天咖啡座上的一群年輕人似乎與我揮手致意，我

年輕人所推薦的煎餅店。

原不是那麼在意，畢竟澳洲的年輕人本來就很狂野外放，於是我也揮揮手表示友善，然後我們又信步走向了另一條街道，只是沒想到後頭突然有一個年輕人竄出，這倒令我感到有點吃驚。那年輕人原來也是坐在咖啡座上的，我對他有一點印象，因為他的動作最大，表情也最突出，若是換成日本的旅者或許會緊張到不知如何自處，我倒不介意他的突入，畢竟我不是第一天在澳洲，尤其是在澳洲的都會區，稀奇古怪的事情屢見不鮮。

「我猜想你們是第一天到阿德雷德對吧？！」那年輕人客氣友善的詢問我。

「是啊！今早剛到。」我答。

「你們打哪來啊？第一次到澳洲嗎？」他繼續發問。

「喔！我們在雪梨住了近三年了，不過阿德雷德倒是頭一回來。」

「難怪！我總覺得你的帽子說了一些什麼的！」

「喔！這是雪梨大橋七十五週年紀念帽，市政府免費的贈品。」

「我是道地的阿德雷德人，不介意的話我想向你介紹這個美麗的城市！」那年輕人顯然興趣盎然的想向我們兩位異鄉人介紹他的家鄉。

「我們很有興趣，但是因為十二點便要離開這裡前往北邊，因此時間上不是太充分，否則我會很樂意一道與你閒逛這座城市的。」我說。

「我是否令你感到無禮呢？若是這樣的話，我誠心地向你道

歉。但是我並沒有惡意的！」那年輕人儘管臉上仍舊掛著笑容，但是他的語氣漸漸地嚴肅起來。

　　「請別誤會，我真的不認為你無禮，相反的我很感謝你的盛情，只是我們真的得在十二點去取車。」我笑著說道。

　　「那真的太可惜了，不遠處的街角有一家賣煎餅的老店，那裡的餅是全阿德雷德最好吃的，而且它是二十四小時營業，只可惜你們的停留時間太短。對了，我想買下你的棒球帽，我覺得你的帽子很酷！我出十元！如果你不介意的話。」

通往奧古斯塔港的橋。

「嗯，這頂帽子是我旅行時的必備，而且我也只有這頂，否則我可以送你的！」我笑著說道，那年輕人則是有點失望的搔著頭。

與年輕人握手道別之後，我們繼續著信步之旅，總覺得這種偶發經驗是一種天外來的一筆，那年輕人儘管唐突卻很有禮貌，外放開朗是澳洲人的天性，而這樣的天性你很容易在澳洲年輕人身上看見。

奧古斯塔港

我們在十二點領了車之後便直接往目的地Port Augusta（奧古斯塔港）前去。這不是我第一次在靠左駕駛的國家開車，因此在適應上並沒有太大的問題，不過一開始仍舊會搞錯雨刷與方向燈的位置，因為右駕與左駕的車輛其儀表配置是相反的，初期總有些忙亂，不過適應一段時間之後也就好了。阿德雷德的市區交通不若雪梨複雜繁忙，出了市區之後更可讓你盡情馳騁，所以我一路算是悠閒地開往奧古斯塔港。

離開阿德雷德不久，映入眼簾的便是一派的澳洲田園風光。或許是秋季的關係，那田野看來稍帶著蕭瑟，收割過後的小麥田剩下的是殘缺的麥梗，連綿羊的毛色都帶著點土黃，我戴著必備的太陽眼鏡一路瀏覽著屬於南澳的第一印象。儘管顏色有些黯淡，但是南澳的陽光卻依舊耀眼，那刺眼的陽光往往讓人感到不適。不久之後，我更發現我們的小車還有一個問題——冷氣不夠冷，原以為那是

個別車輛的問題，不過在北澳、西澳所租用的同型車也有一樣的問題。冷氣不夠冷大概就是Gertz這部韓國現代小車的致命傷，因為在炎熱的澳洲荒野裡開車，要是車上沒有夠冷的空調，那可是會令人受不了的。

我們一路往奧古斯塔港前去，兩地相距大約三百二十多公里。奧古斯塔港是前往北澳與南澳荒野的鎖鑰，從阿德雷德往北到奧古斯塔港之間基本上還算是南澳的濕潤區域，至於阿德雷德以西附近的酒莊區域就更溫潤了，由於那裡的氣候屬於地中海型氣候，因此很適合栽植葡萄，於是阿德雷德的葡萄酒也享譽全球。不過從奧古斯塔港以北便屬於荒涼的地帶了，那蠻荒地帶裡人煙稀少，除了零星的放牧業與礦業之外，幾乎沒有其他的人類活動。

在南澳的速度限制是每小時一百一十公里，超過這個限制便算是違法。澳洲是一個很講究生命安全的國家，加上澳洲屬於大陸型國家使然，看似無動靜的綿延不絕道路往往讓駕駛人掉以輕心，因此道路旁總有警告標語，而且標語出現的頻率很高，在南澳的道路旁其標語通常這樣寫「Stop、Revive、Survive」，這直接醒目的標語事實上多少有點效果，因為我很少在南澳看見車禍。

從阿德雷德開往奧古斯塔港的高速公路是沿著海岸走的，但由於離岸太遠，因此沿線很難看到海洋，直到抵達奧古斯塔港之後，海洋才短暫的現身。那兩線道的高速公路實際上並不像是高速高路，這是定義

的不同所導致的誤解，因為在澳洲，凡是兩線道而無紅綠燈限制的都有可能被稱之為高速公路，即使那兩線道其實並不寬敞、來往的車輛也不算多，這也是因為大陸型國家使然。畢竟澳洲實在太大了，他們所謂的一號公路將整個澳洲串聯起來，但那一號公路在大半的路段也都只是兩線道。

　　由於整夜沒有好眠加上必須再次習慣靠左駕駛，因此那三百二十多公里的路程幾乎耗去我所有的精力，在抵達奧古斯塔港之前我便發現我的視神經與手部神輕已經無法有效的連結，嚴

奧古斯塔港的海灣風景。

重時竟有彌留一般的錯覺,因此最後的那十公里感覺有些迷濛,等到我最後將車停妥時,整個人幾乎已經無法動彈地坐在駕駛座上。我最終還是將車子駛進了露營地,但那三百二十多公里的駕駛已成為一種迷幻的記憶。

我們投宿在奧古斯塔港的Big 4露營地。Big 4 是一家澳洲的連鎖渡假園區,它提供許多不同的選擇,例如車屋、小木屋、露營地等等,不一而足,在這裡就需先了解一下關於澳洲旅行住的資訊。

在澳洲的一般中型市鎮都有所謂的Caravan park存在,這種綜合性的住宿地點通常包含了許多選擇,而成本最低的便是露營;在澳洲跨陸旅行時我們投宿的露營地價格從澳幣17元到36元不等,平均最常見的價格約略是介於25至27元之間;價錢的高低泰半也與市鎮的所在地有關,例如靠近大城市的露營地當然比較昂

露營地裡清早所見的鸚鵡。　　　　我們搭的小帳篷。

貴些，而在理論上小地方的價格則相對便宜。

　　將車停妥之後，我們徒步尋找吃飯的地方，一來是因為天色尚早，五點多的天光依舊非常明亮，二來也是因為長途奔波，我已經無力再駕駛。在進城的途中便已經見到一些速食店散落於小鎮的前方，在澳洲的人文地理中，速食店的分布大抵在進城的路上，其距離市鎮的距離短則一到兩公里，長則三到四公里，而我們第一天的晚餐便是在一段不遠不近的散步之後在某家匹薩店內解決的。在祭飽五臟廟之後，我們前往超商去購買一些日用品及食物，同時我們也想在超商內拿到免費的厚紙箱。厚紙箱？很多人不知道厚紙箱裁切之後的紙板很適合拿來當露營用的睡墊，因為它的大小適中，厚度也剛好，同時環保，而且澳洲超商內的厚紙箱都是可以免費索取的，這招其實我是向朋友蕃薯學來的，之前我們曾經一道在塔斯馬尼亞島旅行。

　　出了超商，緩慢步行往營地而回，穿過了跨越小海灣的大橋，閒晃過小鎮街道，將斜的陽光依舊刺眼，海灣中的孩子正在戲水，遠遠的岸邊有一座冒著輕煙的工廠，而另一邊的陸地上則有一列火車悄悄地停駐著。從阿德雷德出發的貨運列車在此歇息。由於火車的載客服務比不上汽車，於是從阿德雷德往北的火車僅存著名的 The Ghan 觀光列車仍舊行駛在這片大地上，我們在第二次的跨陸之旅中也特別搭乘了這列有名的火車。

　　在1878年時，位於Eyre半島的奧古斯塔港還是駛向北方達爾文（Darwin）預定鐵道的臨時終點，而達爾文與奧古斯塔港兩地相距有二千五百多公里。一開始，這條鐵道是以窄軌（1067mm）的規格興建，1910年，也就是澳洲獨立建國之後的第九年，這

條漫長的鐵道由聯邦政府命名為Central Australia Railway，有趣的是實際上澳洲的行政區域中並無所謂的Central Australia；到了1929年時，這條鐵道延伸到了Alice Springs（愛麗絲泉），愛麗絲泉算是整個澳洲本土的中心點，其行政區域在北領地（Northern Territory）內，但它也是北領地內最靠近南澳的地方。在1913到1917年之間，澳洲聯邦政府另從奧古斯塔港往東構築了一條長達兩千公里的鐵道，而這條鐵道則是以標準軌築成的。關於澳洲鐵道的混亂是一個很值得研究的歷史課題，因為澳洲當局一開始並不認為澳洲全境會有以鐵道貫穿連接的一天，於是各省有各省的道，各地有各地的軌，這個現象甚至一直持續到二次大戰之後。而貫穿澳洲南北的The Ghan（阿德雷德到達爾文）鐵道的標準軌改造工程甚至到了2003年才全部完工。我的澳洲朋友Peter便說，他小時候若是要從新南威爾斯搭乘火車到維多利亞，便要在兩省的交界換乘火車，從這裡也可以看出澳洲立國時各地的本位主義有多麼強烈。不過在時空的演變下，當年的窄軌鐵道如今成了懷舊之旅的必要，在奧古斯塔港便保有當年的窄軌鐵道；這條名為Richi Richi的舊鐵道在九〇年代重新以觀光之名啟用，它行經南澳著名的Flinders山脈，終點為Quorn鎮。

　　小巧的奧古斯塔港因緣際會地成為澳洲許多鐵道的匯集地，除了The Ghan鐵道之外，澳洲的Indian Pacific（從雪梨到西澳的伯斯）漫長鐵道也以奧古斯塔港為中轉站，這兩條鐵道每週都有兩個班次，而奧古斯塔港則是它們的重要停靠站。也因為如此，每年造訪這座小鎮的遊人多達五十萬人左右。說它小，但它卻是南澳的第五大城，人口約莫有一萬三千兩百多人，這樣袖珍的人口

阿德雷德市中心的假日總有許多街頭藝人
賣藝，那裡也是一處很適合閒逛的所在。

露營地裡的龐克鳥。

數量卻能位居南澳的第五大城，由此我們就可以想像南澳的人口
分布有多麼的不平均，很多人大概不知道南澳的蠻荒地帶其人口
密度是每平方公里不足兩個人。

奧古斯塔港同時也是南澳進入北方蠻荒的重要小鎮。

　　奧古斯塔港是一個天然港口，於1852年開埠，由Augusta Sophia所命名，她當時是南澳行政首長Henry Edward Fox Young的夫人。有趣的是奧古斯塔港的兩性人口組成很平均，人口中有一半是女性，而在本地出生的澳洲人佔有百分之八十六左右。之所以會有這種調查，是因為澳洲本來就是一個移民國家，祖先多來自其他地區。現在每年大約有十幾萬外國人申請成為澳洲公民，近十幾年來申請者的大宗是來自中國大陸與印度的人。

　　奧古斯塔港的失業率頗高，約有百分之七，高失業率似乎已成為澳洲小鎮的通病。儘管澳洲的社會福利算是健全，然而我們在旅行途中卻經常看見無事可做的人在路邊喝著啤酒斜躺在人行道上。不可諱言的，這些酗酒的人多半都是原住民，然而他們悲悽的歷史與澳洲複雜的政治生態有著密不可分的連結。許多澳洲人選擇無所事事、遊手好閒，這也是造成澳洲對於歐洲各國、日本、台灣等等國家實施打工渡假簽證的間接因素，因為某些澳洲人寧願請領社會救濟也不願意在太陽下工作。

　　不算大的奧古斯塔港也有一座TAFE。所謂的TAFE是澳洲的職訓學校，透過TAFE的訓練可以取得一些工作證照，它的課程廣泛且多樣，例如烹飪、烘培、美髮、汽車修護、美容、服裝設計等等，不一而足。有些TAFE也提供語言課程的學習。由於澳洲是一個強調專業的國家，因此它沒有升學主義的幽魂作祟，往往通過TAFE訓練而取得證照者，其年薪要比大學畢業生更高。

　　那個傍晚，我們閒散地回到了露營地，好整以暇地搭好帳棚之後才發現地上仍有白晝的餘溫，於是那晚便枕著微溫入睡，那種微溫不太熱又不至於太冷，它足以慰藉我們白晝的操勞。

荒野大飆客 蠻荒的開始
OUTBACK !!

那一夜的好眠在清早的七點多結束。大抵上，旅行期間，我的生理時鐘總是正常運作著，一般都是早睡早起。由於入夜之後的澳洲小鎮實在是無處可去，除了在酒吧裡飲酒之外，似乎沒有其他選擇，但杯中物卻又不是我們的主菜，除非有特定原因，諸如賞星、觀月等等，否則我們都是很早便在帳棚內歇息的；而在露營地除了料理晚餐之外，事實上也少有機會與其他露營者互動。

一早我便聽見帳外有小提琴聲，琴音伴隨著伊啞的鸚鵡啼叫，這種組合大約只能在澳洲聽聞。小提琴拉奏的是鄉村音樂，聽得出拉琴者並不老練，出了帳外盥洗時才發現是一位開著露營車的老先生正在自娛娛人。他用心地看著琴譜練習，儘管技巧並不純熟，但是卻也有一種用心的愉悅自弦上傳出。他的露營車就靠著我們的帳棚，那時藍天上有一大群的白色鸚鵡飛過，營地裡的大樹也停滿了一樹的白鸚鵡，他們一對老夫老妻正飲著剛剛泡好的紅茶，我們相視一笑，看來他們似乎也在做長程旅行。露營車的帆布上有著厚厚一層的黃土，車上的貼紙說明了他們已經造訪過的地方，似乎是從北方南下的，種種設備在他們的露營車上一應俱全。那種露營車只要在營地將水電一接，便萬事俱備了。

簡單用了早餐之後辦理了Check-out，我們下一個目的地是Coober Pedy（庫柏佩迪），那是一座位於南澳極北的小鎮，盛產蛋

白石，澳洲九成的蛋白石產自此處，而澳洲的蛋白石（opal）產量高居世界第一。其實出產蛋白石的國家十分稀少，除了澳洲之外其他產地寥寥可數，也就因為如此，庫柏佩迪成為名符其實的蛋白石之都。原先我們曾想過要一路開往更北方的愛麗絲泉，但因為我的

公路上小心動物出沒的警告看板。

畢業展在三月中將在雪梨開幕，必須回到雪梨籌備畢業展事宜，於是造訪愛麗絲泉的計劃便推延到三月中旬之後。

若是從奧古斯塔港一路開往愛麗絲泉，那將是一段極為漫長的旅程。因為奧古斯塔港與庫柏佩迪之間已經相距五百三十八公里，至於更北的愛麗絲泉就更不在話下了。位於Stuart Highway（斯圖亞特高速公路）上的庫柏佩迪也是從阿德雷德前往愛麗絲泉的必經之路，儘管在斯圖亞特高速公路的沿途上尚有幾個小型村莊，但是其規模皆比不上庫柏佩迪。

一路離開奧古斯塔港之後便有蠻荒的況味，高速公路兩旁視角所及均是一百八十度的無盡荒野。雖然路旁尚長著一些短矮的灌木叢，但往前延伸，灌木叢逐漸稀疏，終至看不見的盡頭，盡頭處是一片白茫荒涼。沿途偶爾出現的鹽湖像極了月球表面的科幻風景，有些鹽湖早曬成了白色的一灘鹽晶，有些地方則僅存著一灘滷水，但也幾乎已經蒸發殆盡。這風景的顏色很難形容，是一種死

蠻荒中的行駛總有那麼一點的狂野。

灰的發光鉛白加上淡淡的褐色，游移的
水蒸氣橫亙在視線與風景之間，叫人分不
清現實與奇幻。偶爾出現的小山丘，點綴
著看似呆板的地平線，天際上則連半絲流
雲都沒有。很難想像一個月前此路沿途曾經
下過大雨，一位馬來西亞朋友在一個月前
就是在這道上翻車的。他說當時下著滂沱
大雨，租用的休旅車在一陣打滑後翻覆，
所幸幾個小時之後遇見了過路的車輛，好
心地救了他們。

　　我踩著油門狂飆，彷彿沿途的風景
不存在似的，僅載著一堆問號與驚嘆號
闖入了這片想也想不到的荒原。由於氣
溫實在太過燥熱，路的前方總是掛著一
幕海市蜃樓，那不遠不近的迷濛好似這
段狂飆的註解。那慘白的日光也讓我的
瞳孔感到無所適從，儘管已經將遮陽板拉
下、已經戴上了太陽眼鏡，也已將視線

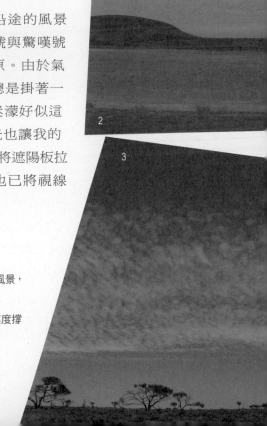

1. 路過的鹽湖早就成了一片的鉛白色。

2. 通往澳洲中心的蠻荒公路大抵都是這種風景，
　光禿禿是它的本色。

3.道旁即使有樹，也都是以一種不算高的高度撐
　著蔚藍的天。

躲藏於陰影裡，但是那漫射的陽光有如水銀瀉地無孔不入地侵入了眼簾。我握著發燙的方向盤一路奔馳前進，當陽光逐漸曬到大腿時，那灼熱的溫度令人感到座立難安，但是卻無處可躲，唯一能做的只是專注地開車。

　　儘管速限是每小時一百一十公里，但我發現許多駕駛人明顯超速，不過這所謂的「許多」在越行越遠之後自然而然變得很稀少。這條道路是前往北方的唯一通道，大凡旅者與大卡車若是要前往北方都一定得走這條路，因此說是車輛稀少倒也未必正確，但是因為路途遙遠，因此車與車的距離都很長遠，有時遠到一個小時內見到的來車僅僅只有一輛。我一開始便以一百一十公里的時速前進，偶爾車速會不自覺地加到一百四十，不過這韓國小車禁不起高速折磨，往往在時速一百二十之後便有點浮躁；我也曾經試過時速一百六十的速度，那時這輛小車幾乎就成了磁浮列車，但因擔心超速罰款的問題，因此車速維持在時速一百四十公里的時間並不長就是了。後來我才意會到，這荒郊野外僅有的「威脅」只是那些大型警告看板而已。試想誰會在荒郊野外設置測速雷達與相機？即使澳洲的警察單位在這荒原裡設置了測速儀器，可想而知的是，在高溫曝曬下，其壽命應該非常不樂觀。這就可以解釋，為何一些駕駛人敢以時速一百六十或是更高的一百八十行駛這段道路的原因——因為他們知道沒有警察會在路邊臨檢，也不會有測速器及相機令他們措手不及。

　　這種心態當然是錯誤的，我即曾在沿途看見不少爆破的廢輪胎荒棄在路旁，或是已經成為絞條狀的輪胎橫躺在路上，那場面說是怵目驚心一點也不為過，柏油路面的黑色煞車痕說明了一切。

　　由於氣溫實在太高，加上空氣過於
乾燥，因此一路上有無數的龍捲風在地
平線上出現，它們或左、或右、或前、或
後，數量最多時，曾經在同一個區域內看見
十個龍捲風一起肆虐著。甚至，我也曾經開
車進入龍捲風的漩渦裡，只不過那些龍捲風
的規模都不算大，儘管聲勢驚人，但是卻
少有傷害人畜的。後來在庫柏佩迪鎮內，
我還隻身與龍捲風接觸過，當時感到一陣
莫名的興奮，但是當地人卻早就不當一回
事，似乎那捲起滿天塵埃的龍捲風就像是
西部片中隨風疾走的乾草堆一般的尋常。

　　就因為沿途的車輛分布很稀疏，因此
來往的車輛在會車時會以翹起食指的方式
問候對方，有些熱情的駕駛人還會以揮
手的方式表達問候，我甚至遇過將整隻手
伸到車外揮手的例子，沒多久我也學會
了這種打招呼的方式。這一路漫長且枯
燥，只要是看見來車，駕駛人總會感

1. 看見了嗎？不遠的荒地裡捲著一道龍捲風。

2. 很難想像這樣的惡地其實也能長出一棵棵的樹。

3. 於路途中某休息站拍下的場景。

到欣喜。我也發現，大體而言，南澳的駕駛人算是很有禮貌的，
儘管仍有大拖車駕駛故意以龐大的車身壓迫小車，但一路走來，
行車秩序大致良好。

　　我們偶爾會停車歇息，因為長途開車的疲憊，加上氣溫實在
太高，且車上的冷氣讓人感到它似乎僅是聊勝於無。當日光侵襲
手臂時，我只能以毛巾蓋住握著方向盤的手，同伴小高則將免費
的廣告海報遮住車窗，這說起來有點危險，不過一路的直走倒也
沒有什麼轉彎之處，而狠毒的陽光會照到我們的身體發燙。我原
也是不愛塗抹什麼乳液於身上的人，但是在澳洲若是沒有塗抹防
曬乳液，往往會有危險，澳洲人罹患皮膚癌的比例是舉世第一，
可見其陽光之毒辣。

　　這一路是我們的蠻荒新體驗，沿途的總總叫人感到無比新鮮，
例如我們曾經在道旁看見巨大的楔尾鷹（Wedge Tail Eagle）停在枯
木之上，那苦澀的白茫風景完全襯托出那種全身黑色猛禽的王者威
儀。這種巨大的鷹是澳洲最大型的猛禽，牠的體積即使在世界猛禽
排行榜上也是名列前矛，對於楔尾鷹我總有一種嚮往。牠也是世界
上最容易觀察到的猛禽，在澳洲全境，你要是運氣好便能看見牠的
蹤影，我即曾在雪梨上空看見牠在藍天上飛翔。不過在蠻荒之地，
楔尾鷹的姿態卻顯得平易近人，我們與牠接觸時的距離不到二十公
尺，牠靜靜地停著根本不管過往的車輛如何呼嘯，但因為當時有一
輛車正緊跟著我們，於是我只能匆匆一瞥，心情是惆悵的，畢竟那
是千載難逢的機會。不過，在之後的旅程裡，這千載難逢變成偶爾
可得的良機，再往後的西澳之旅，甚至變成每日的功課。

　　由於楔尾鷹的尾羽呈現獨有的楔形，因此即使不是什麼鳥類

專家，也能輕易辨別。牠的翼展最長可以長達二公尺半，體重最重可達五公斤半，身長最高可達一公尺十五公分，亞成鳥的毛色夾雜著棕色，而成鳥則整身都是黑色的。在澳洲的空曠荒野裡，人們並不難尋覓牠的蹤跡，即使在塔斯馬尼亞也有牠的身影。楔尾鷹喜歡高飛，喜歡在大約一千八百公尺甚至更高的高空上盤旋。在澳洲荒野，我看見牠時往往都是牠在地上啄食死袋鼠時。在澳洲，袋鼠經常被車輛撞擊而慘死在路上，這免費的食物提供許多鳥類的溫飽。如果你在道路上的不遠處看見一群黑色的烏鴉群聚，那麼看見楔尾鷹的機率也頗高，我甚至在路上看過因為貪食而被卡車撞死的楔尾鷹。不過楔尾鷹當然不只是吃腐屍而已，牠掠食的對象包括兔子、袋鼠甚至是小牛與小羊，每隻楔尾鷹的領土範圍不一，可以從九平方公里到一百平方公里不等。

我總覺得巨大的楔尾鷹是澳洲狂野的代表，甚至澳洲軍方的新型空中預警機也以牠為名。在此次澳洲跨陸之旅中，我們

靠近庫柏佩迪所見到的維修列車。

看見牠的機率幾乎是每一天，看見其他猛禽的機率反倒低了一些。一路上，牠的英姿屢現，不管是停在枯木之上，或是盤旋在高空裡，總有一種帝王般的態勢，令人讚嘆。

沿路上我們偶爾會在路邊的休息站歇息。在多數情形下，澳洲所謂的休息站與我們的認知有很大的差異，因為在斯圖亞特高速公路上的休息站大多只是幾座水泥或是鐵製的桌椅供旅者做短暫的停歇，規模稍大的休息站則有遮棚抵擋炎陽與提供天然雨水。簡陋的休息站並不是什麼大問題，畢竟在荒野裡實在難以要求休息站有冷氣、便利商店、餐廳等等，黏人的蒼蠅才是可怕之處。詭異的是，澳洲的蒼蠅不在大城市肆虐，卻在蠻荒裡經營有成。只要在蠻荒地帶打開車門，便有成群的蒼蠅不斷地騷擾你，他們堂而皇之地黏在你的臉上，好整以暇地落在你的身體上。與其他國度的親戚不同，他們停駐的地點並非食物之上，而是在人身上。儘管之前也有被澳洲蒼蠅包圍的窘境，但那只是小規模的攻擊，而且是在人煙尚多的城市近郊，比起這道旁的荒涼景色，兩者有著天壤之別。對於我而言，澳洲的蠻荒蒼蠅之多是一個難解的謎。有一說，因為

看清楚了嗎？澳洲公路中有超車道的設計。

澳洲的牛多，因此牛的糞便餵養了天文數字般的蒼蠅，這個論點有其根據，但是蠻荒裡那來的牛隻？為何澳洲的蒼蠅有著無比敏銳的嗅覺？在廣袤無垠的荒野，他們竟然能夠察覺人類的氣息，這讓我百思不得其解。

在往後的旅行裡，蠻荒的蒼蠅成為我們的一大困擾，而且那種困擾令人氣結，所以我們即使停車在休息站裡，唯一能做的也不過是躲在車內吹著那若有似無的冷氣，然後在短暫的小睡之後又狂飆上路。

在蠻荒中行駛看見來車，其實是一件令人開心的事情。

地下社會：庫柏佩迪

約莫五點我們抵達了庫柏佩迪（Coober Pedy），那時天還瀏亮著，初秋的陽光燦爛，途中儘管經過了寥寥可數的幾個補給村莊，但是我們並未停留。庫柏佩迪的招牌就矗立在斯圖亞特高速公路旁，那巨大的挖礦機具與卡車標誌著庫柏佩迪的獨特性──此地是個礦業小鎮，小鎮外圍其實已經可以看到一些大大小小的土堆，那些三角椎狀的土堆全是挖礦之後的土石累積，一處處三角堆綿延在無盡的大地上，那種科幻恐怕也只有在庫柏佩迪才能望見。

說庫柏佩迪是座小鎮其實一點也沒錯，因為根據2006年的官方人口統計數字顯示，庫柏佩迪僅有一千九百一十六人。庫柏佩迪除了以出產蛋白石聞名於世之外，另一項特色是其住民的居住風格很特殊──他們是半穴居的，用當地的說法是underground。之所以採用這樣的方式居住是因為當地的天氣實在太熱，若是居住於地表，那麼白晝的溫度與烤箱無異，尤其是夏季的溫度很容易使人致命。致命？這絕對不是開玩笑的。因為在盛夏時分的澳洲蠻荒裡，氣溫超過攝氏五十度並不是什麼稀奇的大事，即使是在河谷地帶，五十度以上的氣溫仍舊是常有的事情；加上澳洲的氣候非常乾燥，高溫加上低溼度往往會令人感到窒息。就因為毒辣的陽光與乾燥的空氣互相加乘時常讓人陷入昏迷，因此澳洲的電視中經常出現的是警告大眾做好防曬措施的公益廣告──揮之不去的皮膚癌是威脅澳洲人的第一大殺手。

庫柏佩迪的招牌，礦業小鎮的本色一覽無遺。

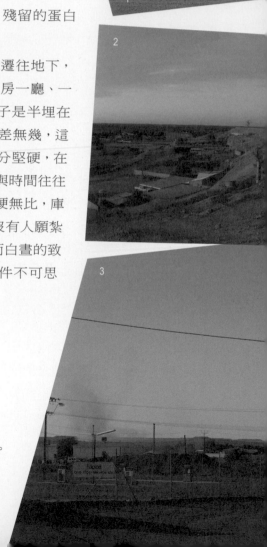

所以半穴居的居住型態對於庫柏佩迪的居民而言是最佳的選擇，而庫柏佩迪的hostel也以這種住屋形態作為招攬生意的賣點。我們所投宿的hostel在過去便是一處礦山，礦山廢棄之後改建為小旅館，因此那岩壁上還有開採的痕跡，殘留的蛋白石礦脈依舊清晰可見。

炎熱致命的高溫逼使人們遷往地下，庫柏佩迪的地下居所往往由三房一廳、一衛浴、一廚房所組成。雖然房子是半埋在地下，但是價格與一般房子相差無幾，這主要是因為庫柏佩迪的岩層十分堅硬，在構築地下居所時所耗費的金錢與時間往往更勝一般房子。也因為地層堅硬無比，庫柏佩迪即使有露營地提供，卻沒有人願紮營，因為營釘無法打入地下，而白晝的致命高溫讓搭帳棚更似乎成了一件不可思議的事情。

1. 一輛載著龐大採礦機具的大卡車。

2. 從丘陵往下眺望的庫柏佩迪。

3. 庫柏佩迪的龍捲風，當地人早已習以為常。

Coober Pedy本身是原住民語言kupa-piti的音轉，其意義為男孩們的水洞。原住民在此繁衍的歷史悠久，歐洲人則直到1858年才抵達此地。首位抵達此地的是John McDouall Stuart，斯圖亞特高速公路便是以他的姓氏為名。當時他騎著馬，帶著三個月的乾糧，從南方出發往內陸的蠻荒尋找金礦，雖然他並沒有發現什麼值得開採的礦區，但是他的探險對於內陸的開發卻有著莫大的功勞。因為在當時，人們對於蠻荒的理解非常有限，身為探險家的John McDouall Stuart，無疑向人們打開了這個未知世界的一扇門。儘管1858年便有探險者抵達庫柏佩迪，但是庫柏佩迪遲至1915年才建埠，原因是該地發現了蛋白石。

採取半穴居型態的庫柏佩迪民居有個溫度恆定的好處：當白晝的恐怖高溫襲擊時，穴居裡的人感覺不到外面的酷熱，他們也無須使用空調，這對於規模袖珍的小鎮而言是最大的好處，因為電的供應在這裡是個麻煩的問題，而冷氣機又是耗能的家電。庫柏佩迪在夏季的溫度經常都在四十度以上，而相對溼度卻很少超過百分之二十，由此也不難想見當地人對於氣候的忍耐程度需要多麼堅強了。我們在當地盤桓兩日都已經覺得「不虛此行」，何況是長年居住在此的人？

我們投宿的地方是由舊礦坑所改建，那一座小礦山實際上已經被鑿空，原來的坑道被改建成民宿。坑道空間相當開闊，深深的長廊直通另一頭的岩壁，燈光恍惚似岩壁表面溫潤的溫度一樣，從前敲敲打打聲瀰漫的隧道如今成了無聲的所在，安靜到連一根針掉在地上都能聽聞，白晝的惱人高溫全被鎖在岩壁之外，那龍捲風與漫天的沙塵也早已消失。地底的庫柏佩迪似乎只是個荒涼寂寞

的坑洞，那裡裝填的是亙古的白晝與黑夜的交換，當夜色吞沒日光，滿天星辰代換了海市蜃樓。蛋白石就附生於地底的穹蒼之下，在黑暗裡，我們依舊看到微亮的光隱約閃爍。那裡的每個「房間」都很寬廣，坑道的痕跡依舊，可以想見當時的繁華，只是人去樓空，物換星移，剩下的僅僅是一種氣息。

那晚只有我們投宿，整座恬靜的礦山只有我們相伴。入夜之後的庫柏佩迪明顯轉涼，屋外的無雲天際繁星點點，坑道裡的蛋白石星芒也黯黯明滅。

由於空氣實在乾燥，所以此地的天空絕大多數狀況下都是萬里無雲，只有冬天時此地的氣溫才會降低。由於是澳洲大陸的中心地帶，因此其溫差變化十分劇烈，年平均氣溫約為30-32度。每回我們看澳洲的氣象預報時就會發現雲圖上的中部地帶都是空

1. 我們所住的民宿原本是一座礦坑。

2. 礦坑民宿中的一景。

3. 我們投宿的民宿外觀。

曠的，當雪梨的氣溫只有十幾度時，中心地帶的蠻荒都還有三十幾度，有時不禁要為那裡的人們倒抽一口氣，因為天天三十幾度的生活可也不是一般人可以忍受的，四季如夏倒也還好，但是如果是四季如酷暑，那就會叫人瘋狂。

因庫柏佩迪的位置剛好介於阿德雷德往愛麗絲泉的中途，所以商旅車輛都在此地整補。斯圖亞特高速公路於1987年開通之後，前往庫柏佩迪的人便絡繹不絕。很難想像一個前不著村後不著店的沙漠小鎮，一年竟然可以吸引幾十萬人光臨；而該地的人口組成竟複雜到有三十幾個國家的移民，其中包括來自西伯利亞的俄羅斯人、希臘人、非洲人等等，亞洲人更不會缺席。庫柏佩迪的超商內就有菲律賓籍的收銀員，也有華人開設販賣蛋白石的商店，當然也有原住民。在時空演變下，庫柏佩迪從單純的礦業小鎮搖身一變成為觀光勝地；小小一個地方，甚至也有高爾夫球俱樂部，不過該俱樂部泰半只在夜間開放，想當然爾，該俱樂部的場地裡沒有草皮。

庫柏佩迪環境特殊，因此也吸引了一些電影與電視劇在當地拍攝。由於觀光的暢旺，如今每日都有一班長途巴士由阿德雷德開往此處，而位於庫柏佩迪四十二公里外的小村Manguri Siding則是The Ghan列車每週會經過兩次的小站，不過列車上的乘客一般而言是不准在小站上下車的。我們慕名造訪庫柏佩迪的主因是想去看看那裡的地下社會，尤其是廢棄礦坑之旅，畢竟在其他地方難有機會參觀地下的蛋白石礦坑，因此我們參加了當地的一個礦坑導遊團。

地下之旅

　　當天一早十點，驅車前往距離庫柏佩迪僅約五公里的礦坑，與導遊會面。當我們抵達時，已經有兩部大型的露營車停在那裡了，看來都是外國旅人所租用的露營車。我們一團共六個人，各自做了簡短自我介紹，其中有一對是來自於倫敦的英國情侶，另一對則來自於巴黎。導遊是一位六十幾歲名叫做John的當地礦主，他的手指上戴著一顆超大的蛋白石戒指，那戒指的光芒讓旁人不得不打量John這個人。他在庫柏佩迪已經住了四十幾年，兒子繼承了他的衣缽，目前也在庫柏佩迪開採蛋白石，人很客氣的一路領著我們從地面進入地下。

民宿外的公共藝術其實是挖礦機具所組合而成

　　「這是探勘井，所有的大規模開採必須先行試挖，否則難以判斷地下是否有足夠的蛋白石岩層分布，而且探勘許可的執照是有期限的，因此一旦執照核發之後，我們必須盡快確定礦區是否值得開採！這種開挖作業都是二十四小時日以繼夜進行，若是發現礦層的蛋白石含量豐富，就大規模開採，要是發現蛋白石含量不如預期，那麼就要另起爐灶，因為挖礦的成本可不便宜，以庫柏佩迪為中心，方圓七百多公里的所有礦坑，在開挖前都要取得政府的許可執照，否則即是違法。」John倚著那口深入地下的探勘井說著，頭戴安全頭盔的我們則不時往井裡張望。

　　那井的確深邃，彷彿是一道崎嶇的地道垂直地鑽入地表之

我們所參觀的礦坑。

下。直射的耀眼陽光，加上偶爾吹起的風沙讓人不勝其擾。我們像是一群外星人在外星上參訪某種遠古文明的遺跡，那些廢棄的機具是如此科幻，彷彿是電影場景中的一部份；炙熱無風的天氣似乎也不屬於地球，時而颳起的黃沙則叫每個人急忙的掩鼻遮臉。

John接著一一介紹地面上的採礦機具，那些巨大的工具機宛若一隻隻大型的奇幻巨獸。

「這是輸送帶，礦石被機具吸入之後透過輸送帶運送至地面，然後再加以分類，在這個過程中約有百分之二十的蛋白石原礦會不小心地掉落，所以有經驗的礦工往往可以憑藉銳利的眼睛拾取價值不斐的蛋白石原礦，我本人也曾經在礦場裡撿到昂貴的原礦。」

John這麼一說，我們六個人便開始在一堆礦石裡東找西找，不過想當然爾所有值錢的原礦早就被撿走了。

順著礦坑入口，我們沿著地道走進了地下世界。

「這部是採礦機，它的銳利鋼牙足以粉碎岩壁，粉碎的岩塊接著由機器吸入，再由輸送帶送至地面。前一陣子大雨，雨水一度灌進了礦坑，令我們大為緊張。因為這部機具非常昂貴，礦坑的主角就是它。幸好當時的雨勢及時停歇，才倖免於難。這部

即使在蠻荒中澳洲人仍就不改詼諧的本性。

庫柏佩迪的地下教堂。

機器儘管是生財利器，但是它卻也可能奪人性命，我們一位夥伴
就因為操作不當，整支手臂絞進了機具裡，雖然馬上把他送到鎮
裡的醫院急救，但是你們也知道，鎮裡的小醫院沒有設備救治這
樣重大的意外，而大型醫院又在幾百公里之外，儘管有空中急救
的服務，但是當時的情況緊急實在也來不及後送，這位夥伴在一
天之後便因為傷重不治。」John的語氣顯得很無奈，因為採礦者
的生命充滿了無數不確定的變因，即使是在澳洲這麼講究工作安
全的國家，這種致命的意外仍舊可能發生。

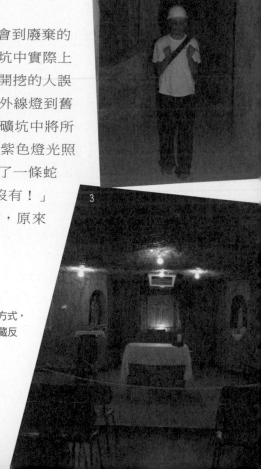

順著坑道往裡走，John取了一盞特別的紫外線燈探路，他特意將燈光投射在岩壁上，岩壁之上頓時閃耀起來。那璀璨的寶石光芒隱隱約約地閃著，好似星光一般的迷惑我們的雙眼。原來蛋白石的礦脈難以用肉眼判斷，因此必須藉助特殊的紫外線燈光顯像。寶石的光芒耀眼，也難怪人們甘冒風險開採——蛋白石的璀璨與其售價是成正比的。

「有些經驗老道的開礦人會到廢棄的礦坑尋寶，因為往往廢棄的礦坑中實際上仍有未開採的礦脈，或者當時開挖的人誤判，因此有些開礦人會提著紫外線燈到舊坑道試運氣，有回我的兒子在礦坑中將所有燈光熄滅，他想試試僅僅以紫色燈光照耀的礦坑是何種景象，不過除了一條蛇出來與他謀面外，其餘什麼也沒有！」John大笑著。後來我們才知道，原來

1. 使用炸藥也是開礦的一種方式。

2. 圖中的英國同伴正在嘗試使用古老的探測方式，當兩條金屬棒交叉在一起便表示附近有礦藏反應，這種金屬棒又被稱為diving rods。

3. 地下教堂內一隅。

坑道也是一些動物的庇護所。John說，因為坑道陰涼，又可以躲避酷熱，因此當地的袋鼠也以廢棄的坑道為家。在炎熱的地表上的確難以覓得一處陰涼之所，現成的廢棄坑道結果成了野生動物的天堂。

我們隨著John的腳步遊走在地下迷宮，他甚至讓我們親自操作各種挖礦機具，例如大型電鑽。那電鑽的威力驚人，若非有著成年男子的力氣，否則在操作上很容易有閃失。此外，John也讓我們懸在半空中以最簡單的鐵鎚、鑿子採礦。

「將岩層粉碎的方式有很多種，最快的方式便是使用炸藥，我們進行開挖時也會以炸藥作業，不過911之後炸藥的取得變得很難。我們所使用的炸藥實際上是一種農用炸藥，之前要買到不難，但如今得通過層層檢驗才能買到。」John當時拿著雷管說著，我們則對這種演變感到興趣，「沒想到一個911的影響層面竟然這麼廣泛。」同行的那位法國女孩說著。John一路詳細說明著地下礦坑的生活，我們六人則聽得入神。

「請問一下什麼顏色的蛋白石最貴？」我好奇地問John。

「一般說來是黑色的最希罕，也因此全黑色的蛋白石最貴，但這純粹是個人喜好的問題。例如有人很喜歡紅色的，紅色的蛋白石產量也十分稀少；此外，蛋白石的價格與其純度直接相關，無瑕的蛋白石其售價自然高很多；再者，這也跟雕琢的車工有關。我覺得蛋白石的售價大半仍舊與個人喜好有關，像是我手指上的這顆即曾有一位德國老太太願意出高價買下，但因為這顆蛋白石是我自己開採、研磨的，因此說什麼我也不會賣！」John亮著他手指上的大顆蛋白石說著。

「請問一下你手指上的那顆大約多少錢呢？」那位英國男士促狹地笑著問，John則裝起了神秘。

「其實蛋白石的價格並沒有一定的標準，只要買賣雙方合拍，成交的機會就很高。有一次有個美國老太太到我的店內看見了一顆原石，當時那顆原石尚未加工，不過那位老太太對那顆原石很有興趣，於是就買下了，然後要求我加工，我也爽快的答

這條 87 號國道往北可以抵達 Alice Springs

應，結果原石經過研磨之後果然是氣質非凡，應該說是那老太太獨具慧眼，當然她付出的價錢也比市價便宜很多。」

其實，John的一生可以說就是庫柏佩迪的開發史。他年輕時懷抱著希望，隻身到這荒涼的地方從事採礦，也在此成家立業，現在他的孩子並繼承了衣缽。說起蛋白石的種種，John的資歷在此地大概是無出其右的。

「蛋白石或許有一天也會挖盡，依你看庫柏佩迪會不會變成鬼城（ghost town）啊？」我問。

「我想不會的，因為直到今天，庫柏佩迪的蛋白石蘊藏量依舊很高，至今大大小小的開挖工程還在進行著，有些礦區其實已經遠在庫柏佩迪一百公里之外了。就算蛋白石的礦藏開挖殆盡，我想人們總會想到新點子。現在的全球暖化現象越來越嚴重，位於地表下的礦坑剛好可以避暑，說不定以後的人們因為海平面上升都得遷徙到內陸。」John說完便開懷大笑起來，似乎深居內陸的人都有一顆豪邁的心。他們的日子夾雜著希望與落寞、危險與機會，而地下生活其實也非人人都能適應。在我看來，荒涼的岩漠裡，除了荒涼似乎還是荒涼，而那種荒涼足以謀殺某些不安於室的人們。

真正的狂飆

　　參觀完礦坑後返回小鎮，順便瀏覽了鎮上的一些景點。當時小鎮的加油站旁停了幾輛澳洲陸軍的食人魚裝甲車，那算是意外的收穫，我是頭一次在澳洲看到此種裝備，於是我下車拿起相機猛拍。小高對於我這樣的舉動已經很習慣了，只是這回我要拍的對象很巨大。當時那列裝甲縱隊正在移防，幾部巨無霸的卡車拖載著幾部食人魚裝甲車，其類型從砲車、基本型的運兵車、救濟車等等不一而足，對我而言，這種機會真是千載難逢。正在休息的陸軍官兵對於我的相機一點也不介意，我們彼此還揮手致意。

1

有趣的是，在之後的旅程裡還兩度與這車隊相遇，在異國能有這樣的機緣也算是難得了。

我們在小鎮裡閒晃，看了地下教堂與幾間蛋白石店，才發現當地的蛋白石售價與雪梨基本上差不多，於是本來想買蛋白石的計劃也就打消了。原本還想到當地一戶地下豪宅去看看，那豪宅裡甚至有地下游泳池，只可惜那陣子不知為何沒有開放，於是在東晃西逛之後我們決定離開庫柏佩迪，離去之前我在小鎮的加油站把車子加滿了油。因為澳洲的油價每天都不一樣，不同的公司價錢也不相同，因此要加油之前總要在城裡多繞幾圈，看看哪一家的油最划算，這點與英國的情況相同。澳洲有些加油站會與超商合作，顧客在超商的消費金額可以扣抵加油的金額。那一天我開著小車在鎮上逛了一圈，發現Mobil的油最便宜，於是把經濟當作第一考量的我們不加思索的便決定加Mobil的油。因為庫柏佩迪實在太偏遠，因此汽油的售價都要再加上一筆可觀的運輸費，所以駕駛人必須要斤斤計較，畢竟油價在澳洲也不算便宜。

2

1. 移防中的裝甲縱隊。

2. 我們離去庫柏佩迪時裝甲縱隊剛好也出發。

　　我們計算過韓國小車的耗油率，油表上每一格大約可跑一百五十公里，加滿油四格至少有六百公里的續航力，而奧古斯塔港與庫柏佩迪之間相距五百三十八公里，因此加滿油的小車應該無須在中途補給，就這樣我們驅車折返了奧古斯塔港。回程的路，一樣的荒涼、一樣的空曠、也一樣的車輛稀少，只是由於回程是順著光開車，這便有天壤之別，因為去程的刺眼陽光已不復見，儘管仍舊是酷熱難耐，但眼睛至少較去程時來得舒服。一路上，駕駛人依舊以翹起手指的方式打招呼。我發現，一般而言，男性駕駛人比較友善，且年紀稍長的駕駛人也比年輕人友善。路上我們僅停留兩次，每次停留的時間都不長，雖然行程並不趕，但我們覺得沒必要在路途上耽擱太多時間。

　　這一路我依舊以一百一十公里的時速前進，卻發現油耗比之前更快。不過就算如此，但心裡卻想著，總不會出現油燒完了而奧古斯塔港卻還沒抵達的慘況吧！只是當油量已經耗去一半時，

我們的導遊正在講解地面上的採礦作業。

地面上的探勘井，圖中的英國情侶與我們之後又偶遇。

我開始覺得不安，因為路程似乎還未到一半，悲慘的是已經沒有任何加油的機會了，因為沿途寥寥可數的補給小村都已經被遠遠地拋在後面了。儘管不安，我還是認為應該不至於落到在路邊等待救援的窮途末路，只不過這種假設隨著油表的指針逐漸往回降而越來越緊張。此時我已顧不得是否違法，即刻狂飆，時速約莫有一百四十至一百六十公里左右。我想若是落到等待救援的地步，起碼也得靠近奧古斯塔港一些，否則天高地遠加上酷熱的陽光，車子一旦無法前進也就跟大型烤箱無異，下了車的我們既找不到樹陰遮擋，也會陷入揮之不去的夢魘裡——蒼蠅群。

　　我以時速一百四十公里的速度前進，偶爾飆到了一百六十，這種狀況持續了將近六十公里，因為那恐怖的警示燈已經亮起，我忖思著到底是韓國小車欺騙了我，亦或是美國石油公司欺騙了我。我一路狂飆，一路咒罵韓國人與美國人，但那總是於事無補。警示燈的亮燈頻率越來越快，而我根本不知道到底還有多少油在油箱裡。我在心中盤算著幾種最壞的可能結果：第一、攔下經過的車輛去小鎮買油，再攔下回程的便車回來解救小車；第二、攔下便車回頭到小鎮住下，餘下的事情隔天再處理；第三、打電話給租車公司，請他們出面處理。不過攔下車的機率實在不高，因為即使已經靠近小鎮，來往的車輛也不多，何況當時已經接近黃昏，更不會有人在向晚時分往北方出發；至於打電話求救也有點不切實際，因為該地的訊號很微弱，至於在更北的蠻荒則是完全沒有手機訊號的。不管如何，現在唯一能做的只是油門踩到底，一路前進，即使被開單，也總好過在荒郊野外露宿。

地面的機具帶著一點科幻的感覺，加上異常　坑道口的講解，圖中的機具就是挖礦的主角。
炎熱的天氣，感覺更像是在異星上。

　　一直到我們遠遠地看見了奧古斯塔港的風景之後，那顆懸在
半空中的心才稍稍地放下，但是那畢竟還不夠，因為城郊距離市
區仍有一段距離。顧不得速限，我繼續以高速駛進奧古斯塔港的
近郊。油料耗盡的警示燈依舊以高頻率閃著，那紅燈的威脅比起
蒼蠅更加惹人厭煩，最後我終在千鈞一髮的情況下將車駛進了露
營地斜對面的Shell加油站。當我手握著加油槍加油時，仍是驚惶
未定，想著因為彈盡糧絕而被困在半路上的窘境。加滿油之後，
我們又回到原來那家big4營地投宿，櫃檯的服務人員依舊是那位
先生。

　　「很高興又見到你，庫柏佩迪好玩嗎？今天好嗎？」那位先
生笑嘻嘻的問我。

　　「我？今天可不好！」我有氣無力的說著。那位先生則狐疑
地看著我，因為這種對話一般而言都很制式，不過顯然我的對話
攪亂了這種應該有的形式。

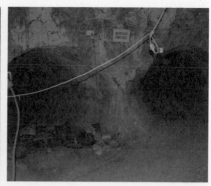

坑道內陰涼的溫度讓我們其實不想到洞外　這個礦坑實際上仍舊繼續進行著採礦的作
去。　　　　　　　　　　　　　　　　　業。

「我剛剛差一點就回不來了，車上的汽油幾乎耗盡，真是很恐怖的經驗！」

「喔！那可一點都不好玩啊！很難想像在荒涼的沙漠裡拋錨的場面，那真的是蠻恐怖的。」那位先生臉一沉然後看著我便笑了起來，我則是苦笑以對，畢竟我也從來沒有遇過這樣的情況。

在這驚險的情況下，我們重返了奧古斯塔港，以此為基地，將再前往新南威爾斯與南澳及維多利亞交界的Broken Hill。

big 4 營地的餘溫尚在，那晚我們將紙板平鋪之後便沉沉地進入夢鄉，白晝驚險與閃爍的擾人紅燈已消失於夜色中。

前往破碎的丘陵 Broken Hill

隔天一早我們便往Quorn鎮前去，沿途的山色優美，濕潤的風光已非蠻荒的苦澀可比。路過的小鎮都是因為昔日鐵道經過而形成的聚落，今天，鐵道雖已沒落，小鎮繁榮不再，但卻成了懷舊旅人的嚮往，許多遊人沿著鐵路品味當時的榮景。我們在這裡的information centre又遇見了那對來自倫敦的情侶。當時我們正與information centre裡親切的老太太閒聊，那位老太太原來是紐西蘭人，因為一場暮年之愛而來到了那個鄉間小鎮。

「這裡的人們對我都很好，這邊的溫度也比平地稍涼，只是我每隔兩週都要去阿德雷德看電影，因為這裡實在沒有娛樂。喔！對了，我在紐西蘭的鄰居在台北住了好長一段時間，他們現在還住那裡，他們說很喜歡台北，因此有長住的打算。」

聊著，聊著，那對眼熟的英國情侶翩然來到，這雖然說不上是絕對的巧合，因為在南澳旅行的人們總有類似的路線，但至少在時機上總是有點意外的。

「你們後來在庫柏佩迪去挖了蛋白石嗎？挖到了寶嗎？」那位英國男士顯然想開我們的玩笑。

「實在是太熱，我們在那個地下之旅沒多久便離開庫柏佩迪，你們呢？挖到蛋白石了嗎？」我反問。

「那當然是沒有的，我們跟你們一樣，只不過是晚了一點離

開。你說的對，真的很熱，我們差點沒有熱到昏倒！回程時依舊感到很不舒服，那五百多公里真的很折騰人！」他笑著說道。

前往 Quorn 小鎮的道路是依著 Flinders 山脈前進的。

　　他們的路線跟我們有點類似，最終也要回到阿德雷德。「我們有一個月的假在澳洲，之前我們在雪梨附近已花了兩個星期，現在則在南澳，下週我們就要回倫敦了，因此總想多看點什麼的！」

　　「我們要從這裡到Broken Hill，然後再從那裡轉到維多利亞，從維多利亞再走大洋路，最後返回阿德雷德！我們的終點也是阿德雷德。」

　　「哇！那可是好一大圈啊，真是羨慕！」

　　「喔，總之，旅行之後我得努力做一堆事情，所以當然要趁此好好遊玩一番啊！」

　　「那倒是，我的一個月假期總覺得過得飛快，一下子又得回倫敦埋頭工作了，唉！」

　　他的唉聲讓我們同時搖頭，畢竟在現實生活中很難做一個永遠的旅者。

　　再次啟程，沿途是南澳少有的山脈地形，公路順著著名的
Flinders 山脈蜿蜒，因此上坡下坡之間總有一點駕駛樂趣。澳
洲的地形平坦，整塊古老的大陸並無太大的起伏，比之隔鄰的
紐西蘭，澳洲的最高峰僅及紐西蘭庫克山一半的高度。南澳的
Flinders山脈長達四百三十公里，它的最高峰St. Mary Peak 海拔
一千一百七十公尺，information centre的老太太建議我們去那裡看
看，但我們並沒有打算在山上過夜，若是前往山區勢必又要花上
一筆住宿，於是我們選擇一路往前走，目的地還是 Broken Hill。

　　中午時分，在 Peterborough（彼得伯勒）小鎮休息。由於日正
當中，加上飢腸轆轆，所以不得不在此停腳。我們簡單地在車上
吃起預先準備的三明治，車子就停在舊火車站旁的樹陰之下。不
久之後，遠遠地就看見先前的那列裝甲車隊又行經彼得伯勒，原
來我們的路線相近。飯後逛了小鎮，那位於 Barrier 高速公路〈國

道 32 號〉旁的彼得伯勒算是途中
稍大的市鎮。Barrier，顧名思義是因
為當初該地是交通上的一大障礙，故
而以 Barrier 命名。彼得伯勒因為是附
近鄉間的小麥集散地，因此它的規模
比其他小鎮來得大些。彼得伯勒的地

1. 沿途已經荒廢的鐵道在當年可是叱剎風雲的要道。

2. 路途上一株五百年樹齡的尤佳利樹。

3. 道上的告示牌，看見了嗎？距離雪梨1529公裡。

名原來是叫做Peterburg，這個地名一聽便覺得帶有德國風格，這是因為當初的地主Peter Doecke是德國裔移民，他以自己的名加上德國故鄉的命名方式將該地稱為Peterburg。不過在一次世界大戰期間，由於澳洲的反德風潮，因此境內的德國地名竟然在一夕之間都被改成英文拼法的地名，於1875年開埠的Peterborough便是一個明顯的例子。Peter Doecke在1876年將他的土地脫手，沒幾年，小鎮的開發便蓬勃進行，之後更因為鐵路而進入全盛期。火車對於彼得伯勒的開發史扮演著很有趣的地位，因為彼得伯勒在之後成為鐵路的輻輳之地，各地的鐵道於此會合。那日午後我們按例去問information centre，「我們這邊最有趣的是鐵道博物館唷！因為彼得伯勒在澳洲的鐵道發展歷史中佔有一席之地！鐵道博物館就在入鎮之前的那條路上，強烈建議你們去看看，保證不虛此行！」中心的太太熱心介紹著。

　　依著那位太太的建議，我們到那座鄉村鐵道博物館參觀。博物館規模小巧，但是館藏卻十分豐富，一列列老舊火車就停放在過去的機房裡，巨大的扇型調度轉盤似乎依舊閃著光芒，解說員來自新南威爾斯。

　　「我之前住在離雪梨不遠的海邊，後來因為退休了，就搬到這裡來。你大概不知道，這裡

Quorn 小鎮的舊火車站。

的房價僅有新南威爾斯的三分之一不到,而且這邊的氣候比較涼爽,適合避暑,不過最近的天氣有些古怪,去年這裡下了一場大雪,而上週這邊的溫度竟然刷新紀錄到達四十九度,幸好那不可思議的高溫沒有維持太久。」

「四十九度這樣的溫度不就跟蠻荒差不多!」我說

「是啊!上週簡直跟地獄沒有兩樣!」

我還以為我聽錯了,四十九度的確是有點不可思議,因為彼得伯勒位於丘陵之間,山上清爽的溫度很難與四十九度聯想在一起。不過我們到訪的那天的確很熱,儘管不到那種恐怖地獄般的溫度,不過我已經可以意會,畢竟我曾經在埃及領教過五十三度的地獄。那位擔任解說員的太太很熱心地帶領我們去逛博物館的各個角落,一一介紹各種火車的歷史與功能,我們則是看得目

彼得伯勒小鎮上的舊旅館。　彼得伯勒鐵道博物館裡的機房很有往日蒸氣鐵道輝煌時的況味。

不暇給。鐵道博物館仍在草創階段，因此館藏雖多設備卻有點簡陋；但這倒也無妨，因為那些巨大的火車頭及車廂本來也很難陳列。彼得伯勒的地位慢慢地從小麥的集散地演變成為觀光渡假的小鎮，在南澳政府大力推廣觀光的同時，類似彼得伯勒這樣的地方已經成為重點區域，因為它保有過去的歷史記憶，在這個懷舊的年代裡，提供了一處場域供人們緬懷過往。

　　過去的彼得伯勒是各地火車的中轉站，從 Broken Hill 往南澳 Pirie 港貫穿東岸與西岸的火車在此地交會，而從阿德雷德到愛麗絲泉的鐵道也把彼得伯勒當作轉運站，這兩條鐵道在當時都是窄軌鐵道（1,067 mm），其完工通車的年代分別是1881與1887年，在1970年貫穿東岸與西岸的鐵道改建成為標準軌（1,435 mm），而彼得伯勒以南到 Terowie 的鐵道則被改建成為寬軌（1,600 mm），於

當年維修鐵道所用的小車，有一種玩具般的樣貌。　　當年的鐵道照明及信號燈器具。

是彼得伯勒成為少數三種規格軌道的齊聚之處，其他兩處分別是 Pirie 港與 Gladstone，不過這兩處的輻輳位置不及彼得伯勒來得重要，之後窄軌鐵道逐漸淡出歷史舞台，少數的窄軌鐵道被保留而以觀光用途使用。由於彼得伯勒得天獨厚的地位，因此許多鐵道迷不遠千里而來，為的就是看看昔日三種軌道齊聚的場景，如今鐵道時代裡的彼得伯勒已然沒落，不過觀光的彼得伯勒卻漸漸的新生，我們在逛博物館的同時便見到許多父子檔的旅人到訪，他們用心抄錄許多火車的諸元，認真的神情叫人不得不佩服。

與巨鷹的會面

在炎熱的午後，我們告別了鐵道博物館，也告別了彼得伯勒，一路駛向 Broken Hill。出了鎮，道路兩旁又出現了一種荒涼的況味，炙熱的陽光即使將一幕幕的海市蜃樓籠罩在地表上，那種迷離依然無法將荒涼去除，隨著乾燥的氣旋迎面而來。擋風玻璃上一幕幕的岩漠滄桑演繹著亙古以來的地質風貌，逆風襲來的鉛白色風景讓人感到目盲。我忖思著這路到底還有多遠，難不成應了《詩經·采薇》中「行道遲遲」一語嗎？蒸騰的熱氣中，望見遠遠的前方有一群黑色的烏鴉聚集，本也沒有太在意，但是定睛一看，那烏

上個世紀的豪華列車廂，內部裝潢以上等柚木打造而成。

黑的鳥群中竟有一隻龐然巨鳥的身軀矗立著，那不是楔尾鷹嗎？
我將車減速，慢慢地滑入路邊，對面的車道上也有一部露營車
熄了火，我們都屏息看著眼前的巨鳥在啄食被輾斃的袋鼠。那是
隻羽色黝黑的成鳥，牠也知道有四雙靈長類動物的眼睛正在直視
著牠，但是卻不動聲色地繼續與一群烏鴉爭食著那天上掉下來的
厚禮。牠一邊看著附近的動靜，一邊埋首大快朵頤。我們儘管在
路途中偶爾看見楔尾鷹，但是距離近到僅有十公尺不到卻是第一
回。一般的楔尾鷹一旦發現汽車故意靠近，便會倏地飛走，而這
隻巨鷹似乎比牠的同類老練世故得多。牠穩如泰山的停著，我們
欣喜於可以近距離目睹巨鷹，早忘了炎熱的高溫曬得我們的手臂
發燙。半晌之後，巨鷹因為我們停留過久，開始焦急起來，牠不

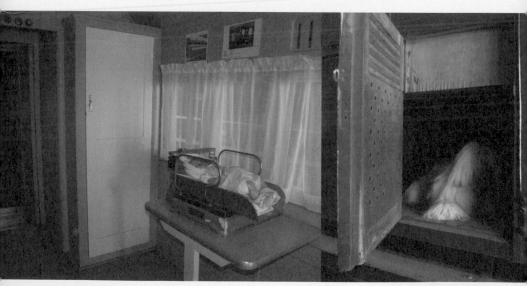

當年的育嬰車廂，車廂內並有專門的褓母。　　　　早年的火車也有專門為寵物設計的地方。

斷環顧四週，用銳利的眼睛餘光打量著我們，最後振翅高飛，直上雲霄。我們望著牠巨大的身影盤上了天，但戲還沒結束，即使對面的露營車離開了，我們依舊停在原地，因為我們知道牠會再盤旋而下，那免費的午餐豈有白白拱手讓與烏鴉的道理？

　　果不其然，沒有多久之後，那巨鷹瞧著地面似乎無有動靜，於是又翩然飛下。這回少了兩雙眼睛的凝視，於是更懷毫無忌憚地享受著新鮮的肉食，那帶血的大肉對牠而言可是絕美的佳餚。看牠如此的放心，於是我也步下小車，初時我們互相打量著對方，確定彼此秋毫無犯之後，便各自忙著自己的事情。牠忙於啄食，我則忙著按快門。

1. 於1951年服役的蒸氣火車頭。

2. 看似破銅爛鐵的蒸氣火車在鐵道迷心中可是無價瑰寶。

3. 怪異的汽車裝上火輪裝置，當年這部汽車實際上是當局要員所乘坐的專車。

就這樣，我們在安全距離裡彼此工作著。當我正想收工時，卻又瞥見了另一隻楔尾鷹，這隻稍小的亞成鳥正在不算高的天空盤旋著，似乎正在等待某種許可的指令，沒想到這幕原野的偶遇越來越精采。我先退回車上，然後預期著兩隻巨鷹的會合，就像是導演電影一般。這隻羽色帶著棕色雜毛的亞成鳥未幾也緩慢落下，但沒多久牠們便一起飛向了路旁的樹叢裡，似乎並不戀棧那橫躺在路上的死屍。我再次下車，直接往樹叢走去，那兩隻巨鷹先是停頓了半晌，然後連袂一道飛向更遠的枯枝上，我自覺也拍夠了，便折回小車內。這難得的會面讓我們在車內又多看了牠們許久，一輛從Broken Hill方向開出來的警車恰好路過這此處，見我們熄火將車停歇在路旁，不免狐疑地問我們「還好嗎？是否需要幫忙？」，我則是微笑地搖頭，然後將手指指向不遠處的枯枝。那兩位警察先生順著我所指的方向望去，似乎不能意會我的肢體語

正在啄食袋鼠死屍的楔尾鷹。　　　稍後前來的楔尾鷹亞成鳥。

言。我猜或許是因為他們早已習於與巨鷹為伍，因此無法感受我們的雀躍。「是鷹！兩隻楔尾鷹！」我說，然後那兩位巡警便笑著對我比起了大拇指。等警車開走之後，我們才再次踏上旅途，兩隻巨鷹仍舊停在枯木上，鷹姿煥發。

　　這一路上我們也見到了一大群的鸚鵡，就停在路旁的電線上。一般而言，電線桿總是風景攝影的殺手，但在澳洲的荒野，電線桿卻又獨樹一幟地成為一種規律的美。沿途我們偶爾會停下車來拍照，或停車重新塗抹防曬油，偶爾看著不知名的鳥類在原野裡飛翔，似乎目的地是哪裡也不再重要了。

老練的楔尾鷹成鳥。　　我二度下車後亞成鳥與成鳥一起飛向了道旁的樹上。

破碎的丘陵

　　一路的荒涼，直到 Broken Hill 近郊，之後便多了一些人煙。Broken Hill 也是新南威爾斯境內唯一可以稱得上蠻荒（outback）之處，這是因為澳洲的人口百分之九十集中於東岸，而新南威爾斯又是東岸人口最稠密的省份。儘管新南威爾斯也有大片森林，但那些森林卻早有人跡，唯獨靠近南澳與維多利亞的 Broken Hill 可以稱得上是蠻荒，那裡遠離新南威爾斯的首府──雪梨，也因為如此，在雪梨市所出現的國內旅遊廣告裡總愛以 Broken Hill 為主題。理由很簡單，因為居住在雪梨的人們難有機會看見那種一望無際的荒涼。新南威爾斯的鐵路公司從雪梨出發往 Broken Hill 的 Country Link 專線賣座不差，詭異的是這項鐵路服務從2005年才正式營運，在這之前儘管早有鐵道的連結，但是可以提供的運輸服務卻不多。同學曾經邀我一起去搭那班火車，但那時忙於論文寫作，根本無暇他顧，故而作罷。

　　Broken Hill 是一座典型的礦業城市，世界上最大的礦業集團 BHP Billiton 便是從 Broken Hill 發跡的，至今該公司在 Broken Hill 仍舊有著龐大的產業。澳洲的貿易主要靠原物料出口，例如小麥、乳製品、羊毛製品、各種煤與金屬礦藏的出口等等，幾年前中國大陸與澳洲簽署一份合約，合約內容是澳洲將提供大陸一百年的煤礦供應，初聽見這個消息時，我總有一堆問號，百年合約？百年的煤礦？這似乎有點不可思議，不過當你親臨那些礦業及鋼鐵公司時，你大約也能意會澳洲豐富的物產規模有多麼的龐

大。舉例來說，位於雪梨附近兩小時車程的Wollongong（臥龍崗市）有一座BHP集團的煉鋼廠，那座煉鋼廠有自己的鐵道系統及港口，那些停泊於Wollongong外海的船隻幾乎都是即將駛向中國的原物料貨輪，如今中國早就成為澳洲的第一大貿易夥伴，前任

從這裡我們正式從南澳跨入了新南威爾斯。

的澳洲總理也是少數會講華語的外國領袖。造就這種貿易的主角其實不是別的，而是上天給予澳洲的恩賜——礦產。

高於海平面二百二十公尺的Broken Hill是新南威爾斯蠻荒中的唯一城市，最靠近它的大城其實是南澳的首府阿德雷德，但即使是阿德雷德，距離Broken Hill都有五百公里左右的路程。Broken Hill有著明顯的南澳風格，甚至位於新南威爾斯境內的Broken Hill使用的也是南澳時區，而非新南威爾斯時區。南澳與北領地（Northern Territory）的時間是相同的——它們一樣使用Australian Central Standard Time（澳洲中央標準時間）。

Broken Hill儘管位於新南威爾斯境內，但是卻又遠離新南威爾斯的中心，在政治上，這種孤立也加深了新南威爾斯與

1. 巨大的招牌標誌著這裡已經進入了新南威爾斯的境內了。

2. 道旁的電線桿上停滿了這種鸚鵡，牠在南澳經常可見，但是在新南威爾斯便比較少見。

3. 道上經常可見的風景——好大一群的鸚鵡一起飛著。

南澳之間的衝突。例如，首先將鐵道（窄軌）修築至Broken Hill的並非新南威爾斯政府，而是南澳政府；更不可思議的是，因政府之間的對立，此鐵路最後一段三十公里的鐵軌竟成於私人公司之手，因為當時的新南威爾斯政府並不同意南澳政府修築的鐵道長驅直入地進入它的轄境。這段鐵軌當時由私人的Silverton Tramway公司經營，主要功能是運送礦藏。顧名思義，這段鐵道往來Silverton小鎮與Broken Hill之間。位於Broken Hill附近的Silverton早被廢棄，它的礦業功能雖已結束，但在地方政府的經營之下，又以觀光的身分重生。南澳政府之所以開發這條鐵道，主要是想將Broken Hill的礦藏運送到阿德雷德的外港Port Pirie，火車回程時又可將煤及木材從南澳運往Broken Hill。煤與木材當時都是礦業發展不可或缺的原料，煤提供煉鋼所需的燃料，而木材則為架設礦坑通道的必需品。談到了木材，Broken Hill的一個現象很值得在此說明，那就是當地許多房子的牆壁所使用的建材是鐵而非木材或是鋼筋混泥土，這是由於Broken Hill並不出產木材與水泥，因此在興築房舍時往往就地取材使用鐵，這現象在澳洲也算是獨一無二的。

我們若從鐵道發展去檢視澳洲的聯邦制度，會發現當中有很多荒謬及可笑之處。例如各省為了自身的利益而使用不同規格的鐵道，這導致後來的澳洲鐵道必須重新舖設，而重新舖設鐵軌所牽涉到的可是一大筆天文數字般的經費。在澳洲的開發史中，鐵道研究成為一種很有趣的主題，不同規格的鐵道、不同用途的鐵道、不同政治管轄的鐵道在在驗證了澳洲政治的獨特性。因為地方利益的糾葛，使得地理位置尷尬的Broken Hill往往得在新南威爾斯與南澳的角力之間取得政治上的平衡。到了1890年代，新南

威爾斯政府才同意修築鐵路至Broken Hill；而遲至
1927年，從雪梨開往Broken Hill的鐵道才真正的竣
工。這段鐵道也讓新南威爾斯真正取得了對Broken
Hill的控制。當時因為這段新興的鐵道，人們得
以從雪梨出發而直達Broken Hill，然後再從Broken
Hill到達南澳的阿德雷德。在二次大戰中，澳洲政
府再次體驗到鐵道的重要性，因為當時南澳與東澳
之間的海路運輸被日軍的潛艇所牽制，兩者的運輸
必須靠陸路。澳洲本土在二次大戰中儘管遠離戰
火，但日軍的潛艇卻曾突襲過雪梨港，且當時新幾
內亞也為日軍所佔領，這對於澳洲而言，猶如芒刺
在背。由於體認到跨洲陸路交通的重要，澳洲政
府於1942年加強了對Broken Hill的鐵道建設。到了
1970年代，南澳駛往Broken Hill的鐵道才正式改建
成標準軌，從1970年代之後由雪梨到西澳的柏斯
（Perth）才真正的以標準軌串聯起來。

澳洲看似屬於英國派系的國家，但是其政治
系統卻又混雜了美式風格，例如行政區域的劃分與
職權行使就是依照美國聯邦制而設計的，這與英國
的體系大不相同；此外，澳洲雖然走的是內閣制，
但其議會制度卻又仿照美國參眾議院的形式，因
此，澳洲在政治上可以說是一種美國與英國的混
血。其實在文化上也是如此。不過，如今的澳洲受
美國的影響遠高於英國。

進入Brockn Hill前看見的戶外公共藝術，這又是澳洲人的詼諧手法。

　　盛產銀礦的Broken Hill也被稱之為澳洲的銀都，由於它是蠻荒中唯一的城市，因此也有人稱它為蠻荒的綠洲之城，儘管它的夏季溫度也會飆高到攝氏四十度，然而開發已久的Broken Hill綠化政策相當成功，因此很具有綠洲的風貌。有趣的是Broken Hill一

Broken Hill 的典雅警局

直有水源匱乏的劣勢，直到1952年缺水問題才真正解決。近年來它大力轉型為蠻荒的藝術之都，因此那裡的藝廊不勝枚舉。走在Broken Hill的街道上幾乎已聞不到礦業的味道，甚至要看見礦工的機會也不多了，雖然礦業開發仍舊是Broken Hill的命脈，但是它已經逐漸轉型，取而代之的是藝術的底蘊在那裡發酵。許多買家不遠千里去那裡收購藝術品，所以許多藝術家乾脆搬到那裡長住，如今的Broken Hill已經成為蠻荒中的藝術創作基地。有趣的是，Broken Hill在礦業不如從前之際也發展了畜牧業，如今在Broken Hill的綿羊超過了兩百萬隻。

　　Broken Hill也是澳洲歷史最久的礦業城市，於1844年由拓荒者Charles Sturt命名。更早之前的1833年則已經有探險家Charles Rasp在附近活動。Broken Hill實際上由幾個丘陵組成，之所以叫做Broken，是因為丘陵與丘陵之間已經因為開礦的原因而呈現斷斷續續的地貌。1883年，該地發現了世界上最大蘊藏量的銀礦，BHP公司當時便以此地為開發基地開採銀礦。據調查，Broken Hill的銀礦形成於十八億年前，澳洲本來就是一塊古老的大陸，因此孕育的礦藏往往超乎想像。在多年開採之後，Broken Hill的礦藏已不如往昔。1939年，BHP公司發現Broken Hill的銀礦逐漸耗竭，而將目標放在其他地方的鐵礦開採，這也是為何Broken Hill會轉型成為荒漠中的藝術之都的原因。儘管BHP公司仍舊在Broken Hill進行開礦，但是其規模卻已經大不如前，目前的礦藏開採量約莫是兩百萬噸。在1940年代之前，工業水準不高，採礦倚靠的是人工，運送礦藏的則是馬匹。1940年代之後，由於工業進步，採礦機械大量運用於礦藏的開發，因此人力需求減緩，機械化取代

了人工，大量年輕人離鄉背井到他鄉工作，Broken Hill人口逐漸老化。因為缺乏勞力，當時Broken Hill的婦女也開始從事兼差工作，因為許多勞務仍舊無法以機器取代。儘管女性投入了就業市場，但家庭的年平均收入卻降低了，因為男人可能因為機械化的緣故而失業，因此Broken Hill的人口也逐年遞減。到了1990年代，Broken Hill的人口創下歷史新低，對照它的全盛時期可以說是天淵之別。在1933年時，Broken Hill的人口數是26,925人，這個數字在當時是新南威爾斯的第三大城，可以想見當時的Broken Hill有多麼輝煌，說是沙漠中的九份大概也不誇張吧！

　　除了礦業之外，Broken Hill有個特色曾經獨步全澳洲──它是阿富汗人在澳洲的大本營。在過去工業尚未發達的年代裡，阿富汗人憑著沙漠民族堅毅的個性與沙漠之舟駱駝一同在澳洲的大地上拓殖。阿富汗人當時活躍在澳洲的荒郊裡，連著名的The Ghan鐵道都是阿富汗人的心血結晶，所謂的The Ghan中的Ghan實際上便是指Afghan（阿富汗人）。阿富汗人在

Broken Hill 保有許多歷史建築物，其數量之多已經被澳洲政府當局列為重點保護的城市。

十九世紀及二十世紀為澳洲的經濟貢獻
良多,所有澳洲荒漠裡的交通建設都有他
們的汗水,而 Broken Hill 在當時則是所有
阿富汗人的家,澳洲第一座清真寺也建在
那裡(1891年)。不過如今的 Broken Hill 的
人口組成似乎跟其他澳洲城市沒有兩樣,
澳洲的多元文化特色一樣在 Broken Hill 清
晰可見,例如原住民、華人、東歐人等等,
在 Broken Hill 的街上都是常見的面孔,至
於當年的阿富汗人似乎反而比較少了。
Broken Hill 的原住民歷史與其他澳洲地
區的原住民一樣,他們原先是土地的主人
翁,白人來了之後,便被驅逐,最後大多
數死於疾病。原住民在Broken Hill的人口
比率原來不高,但在1970年代之後,由於
澳洲的政府開始反省民族政策,因此對
於過去的屠殺與歧視採取了諸多的補
救,原住民的人口比率因此開始慢慢

1. Broken Hill 的礦工紀念碑。

2. Broken Hill 丘陵上的石英保護區,此地也是
   冰淇淋戰爭的戰場。

3. 當年冰淇淋推車的複製品。

回升，到了1970年代之後，Broken Hill 的原住民人口比率一直在百分之五以上。

　　看似單調的Broken Hill，在一次世界大戰中卻有著獨一無二的地位，因為在當地發生了一場澳洲史無前例的戰爭。當時的澳洲遠離歐洲戰火，但是在Broken Hill爆發的「冰淇淋戰爭」卻將澳洲本土捲入了那場世界大戰裡。在1915年的新年那天，兩位被誤以為是土耳其裔的男子向路過Broken Hill的一列火車開槍，當時火車上載滿了郊遊的人，那兩位土耳其裔的男子聲稱是代表鄂圖曼土耳其帝國向大英帝國宣戰。從這裡我們得了解一下澳洲的歷史。1915年的澳洲剛剛脫離英國獨立不久，但仍是大英國協的一員，因此雖然是一個獨立的國家，但實際上卻是大英帝國的延伸。那兩位男子後來被證實是來自於當時的印度（現在則是巴基斯坦），信奉伊斯蘭教的巴基斯坦人，因為宗教與政治的關係發動了近乎唐吉訶德般的攻擊。他們槍殺四人傷了六人。這兩位狂熱份子被後來趕到的軍警擊斃，由於這兩人中的一位以販賣冰淇淋維生，因此也有人將這場攻擊稱之為冰淇淋戰爭。

　　如今大力發展藝術的 Broken Hill 造就了許多「奇景」。Broken Hill 原來便有荒涼的風景，這種荒涼是一種天賜，而後天栽培的藝術則與這種天賜互相輝映。例如城郊的Sculpture Symposium便是一處當地最為著名的雕刻公園，要參觀這座公園得先到城裡的遊客中心付費，之後遊客中心的服務人員會將公園的大門鑰匙交給你，因為那公園儘管離城區不遠，但卻是一處荒涼所在，通往公園的小徑平常少有人煙。那日我們頂著炎熱的太陽前往公園，出城的路上已經看見看板告示要旅客先前往遊客中心

辦妥入園手續，不過我心思卻沒放在這件事情上，沒想到到了大門口果然看見一道柵欄被鎖著，於是我們只得返回遊客中心去辦理手續。這也算是難得的經驗，蠻荒裡的一切果然都有著奇異的規矩。

與鴯鶓偶遇

辦妥手續，拿到鑰匙後又折回雕刻公園，返回的路上我們幸運地遇見了一群鴯鶓（emu）。在澳洲，鴯鶓其實不是什麼少見的動物，蠻荒裡偶而可見。出發以來，我們看見的鴯鶓其實也不少，但是當時那一群鴯鶓有七、八隻之多，成群地在荒地裡漫步，然後小心翼翼的越過柏油路。我將車子停在路邊觀賞這難得

正考慮過馬路的鴯鶓左顧右盼地看著我們，停在對向車道的那部車上，裡頭坐的就是那對美國老夫妻。

前往雕刻公園時所偶遇的鴯鶓。

96

一見的鴯鶓家族，對向同時有一部白色轎車停下，車上的老太太拿出了望遠鏡觀察著。鴯鶓與鴕鳥是現今最大的兩種鳥類，鴯鶓的體積略小於鴕鳥，身長可達2.2公尺。不會飛的鴯　其實仍舊有著翅膀，只是牠的翅膀早已經退化成兩片小小的骨骼。生命力堅韌的鴯鶓善於適應澳洲乾熱荒涼的野地，雜食性的牠幾乎什麼都吃，植物、昆蟲等等都是食物來源，強有力的大腿可以長程奔跑，奔馳時時速可以達五十公里左右。鴯鶓在澳洲是一種廣泛分布的動物，因此與袋鼠同被選為澳洲國徽上的圖案，牠也廣泛出現在錢幣、地名、郵票、公司名稱等等上頭，不過牠在塔斯馬尼亞島的同類已經被歐洲殖民者趕盡殺絕了。儘管鴯鶓的生命力堅韌，不過牠們也面臨著生存壓力，因為人類的開發多多少少威脅著牠們的棲息環境，例如鴯鶓在澳洲的東岸已經很少見了，而新南威爾斯省的鴯鶓更是在絕跡的邊緣。鴯鶓在殖民初期曾被大量獵殺，一直到人們意識到牠所面臨的生存危機，採取保育措施之後，族群數量才逐漸回升。根據統計，目前澳洲鴯鶓的數量大約介於六十三萬至七十三萬隻之間，相關學者推估這個數字已經高於當初白人殖民澳洲時鴯鶓的數量。

　　由於鴯鶓的經濟價值很高，牠的肉質富含蛋白質，早在白人登陸澳洲之前，澳洲原住民捕獵鴯鶓的歷史已經長達幾千年。澳洲原住民捕捉鴯鶓的方式有許多種，例如在水中下毒迷昏鴯鶓，或是趁鴯鶓飲水時持矛射殺等等，不一而足。白人登陸澳洲之後也學起原住民獵殺鴯鶓。在白人殖民初期，鴯鶓的肉也是白人殖民者重要的營養來源。鴯鶓的羽毛可以當作裝飾，體內的油又可以提煉出來應用在許多方面。鴯鶓的脂肪也是原住民的傳統用

藥。最後，澳洲人也開始飼養起鴯鶓，但是歷史卻不長。西澳首
先在1987年進行人工養殖，到了1990年代才有第一批人工飼養的
鴯鶓被宰殺。澳洲境外的國家飼養鴯鶓的還有美國、祕魯、中國
等等國家，其中美國所飼養的鴯鶓數量就高達百萬隻。不過在澳

在荒地裡漫步的鴯鶓　，這種大鳥是澳洲的原生動物，不過已經有許多國家將牠以人工飼養的
方式圈養了。

洲蠻荒裡出現的鴯鶓可不是圈養的，那些都是野外長大的鴯鶓。

　　平日在荒野上漫遊的牠們對於澳洲農人並無什麼威脅，但在旱季時卻可能造成彼此的衝突，因為找尋水源的鴯鶓很可能會闖入農場而踐踏了農作物。看似害羞的鴯鶓在旱季時也可能變得暴躁恐怖，在1932年的西澳就發生了一場「鴯鶓戰爭」。當時，為了尋找水源，鴯鶓逼近小鎮，這個狀況嚇壞了當地人，人們試圖驅散，結果徒勞無功。我們之後在西澳的海岸小鎮也曾與鴯鶓不期而遇，當時牠們就在街道上大搖大擺地漫步，那種景象舉世應該也只有澳洲才有。鴯鶓在原住民的神話中也有一席之地，澳洲原住民神話中的創世紀便與鴯鶓直接相關，他們認為太陽是一顆被擲向天空的鴯鶓蛋所形成的。

　　我們當時從車裡靜靜地看著鴯鶓在荒野漫步，起初牠們採取警戒的態勢，在發現我們沒有危險後，倒也放鬆了心情。牠們魚貫地慢慢走過柏油路，探頭探腦的模樣令人發噱。鴯鶓家族全數越過馬路之後，那位老太太走向了我。

　　「那是鴯鶓嗎？還是鴕鳥？我從沒見過這樣的鳥。」牠拿著高價的望遠鏡問著我。

　　「喔！那是鴯鶓，我們一路上都見到這種大鳥，只是今天看見的這群數量最多。」我答。

　　「我們很期待看見鴯鶓帶著幼鳥散步呢！可惜並沒有看見。你們打哪來啊！我從美國來的，澳洲真的很熱！」那老太太揮動著她的望遠鏡一邊趕蒼蠅一邊與我說話。

　　「喔，我們從南澳到中澳，現在轉到了這裡，接下來要去維

多利亞省，不過我的原籍是台灣。」

「你們年輕人可真會跑啊，澳洲的蠻荒都要把我烤焦了，我想早點回到美國去。台灣啊！我沒有去過，但是我對故宮有著很高的興趣！我喜歡欣賞古文物。」

說著說著，我和那位面龐慈祥的老太太竟然就在柏油路上聊了起來，她那坐在車內的先生也揮手向我致意。

「是啊！我也沒去過美國，有朝一日我也蠻想去的！」

雕刻公園是Broken Hill觀光廣告裡的主角，錯落的大型雕刻作品把蠻荒點綴得更加生動。各國藝術家的作品在Broken Hill就地取材創造的石雕讓Broken Hill不再是破碎的丘陵，那些巨大的作品在

1

在顯示出蠻荒的空寂之美，而且從那小丘往下鳥瞰，Broken Hill附近的岩漠一覽無遺，冒著煙的大工廠也清晰可見，遠方的龍捲風也隱約地出現在眼簾，橫無際涯的荒漠有著一種道不盡的滄桑，似乎人們的存在不過只是一種倏忽的現象罷了。

　　白晝的Broken Hill總有一種世故的蒼涼，不過入夜之後的Broken Hill就大不相同了，人們開始活躍在各個俱樂部、酒吧裡，似乎白晝的燥熱已經褪去，清涼的夜晚足以讓人忘憂解愁，我們在Broken Hill逗留的期間大約也是這樣過日子。我們總在夕陽之後拖著懶洋洋的身軀在Broken Hill街上行走，穿過酒吧，總會聽見那震耳欲聾的音樂聲響。聽說當地有許多音樂家的組織，選擇在荒涼中落腳的藝術家其實也不少，許多電影與電視劇也看中這裡的獨有人文風景與荒涼樣貌，因此Broken Hill與附近的邊城Silverton經常成為取景的地方，例如著名的澳洲公路電影The Adventures of Priscilla, Queen of the Desert（1994）就曾經在Broken Hill拍攝。The Adventures of Priscilla, Queen of the Desert是一部描繪三個男同志因為人生困境而結伴從雪梨出發經愛麗絲泉到達爾文的故事，電影反映了澳洲蠻荒的壯闊，也描繪了同志之間患難的情誼。三個男同志駕著巴士橫越了澳洲蠻荒，即使是在九〇年代裡都是一件值得大書的事情，因為這並不容易，尤其是開著巨大的巴士，在那高溫炎熱的狀況下，恐怕連大巴士都有可能拋錨，實際上在電影裡也

2

1. 聞名遐邇的雕刻公園是當地政府行銷觀光的要角。

2. 雕刻公園所展示的藝術品是許多國際大師的心血結晶。

有這樣的情節。我是在澳洲的SBS頻道看見這部電影
的，實際上它也是啟發我跨陸之旅的誘因之一，因為
蟄居雪梨的我早有此心，只是苦無機會。

白日夢

到Broken Hill，有個主因：想看看廢棄礦坑，於
是這旅程幾乎成了「地下社會」之旅——從庫柏佩迪
一直蔓延到Broken Hill；這趟旅程也成為我們理解澳
洲蠻荒歷史的見證之旅。

Broken Hill附近有個名為Day Dream Historic Mine
的老礦坑，已經廢棄，在礦業已經略顯蕭條的今日，
它被重新改造以觀光的樣貌出發。

前去Day Dream Historic Mine，不用多久時間，中
午之前，我們便已抵達。此坑位於僻遠的岩漠裡，通
往那裡的道路是一條連接公路的泥土路，因此車行至
柏油路再轉進那條土路後，儼然便是一場越野之旅。
崎嶇的土路不僅黃沙漫漫，而且感覺路途有些遙遠，
儘管實際上它的里程並不遠，但深藏於荒郊的礦坑因
無法從地平線上望見，讓我們看不到目的地，還一度
以為是誤入了歧途，因為沿途的景象真的無法讓人想
像遠方有一座礦坑。土路的兩旁，崎嶇的亂石成壘，
地表上並無太多植被，太陽依舊刺眼，道路彎彎曲曲
地蜿蜒，我開著小車絲毫不敢大意，慢慢前行，沒多

白日夢礦坑的遊客中心

久那礦坑便在土路的底處顯現。接近礦坑時已經見到一些昔日的遺跡，山丘上有著一些坑坑洞洞，平地上則有一些大型生鏽的機具。礦坑附近有一座平房，那裡是唯一有人煙的地方。我們與平房裡的人聊著，有一家人是剛剛參觀完礦坑正在屋簷下休息的，其他兩位則是當地的導覽人員，還有兩位是一同與我們參觀礦坑的瑞士人。

閒聊不久之後，便開始了我們的白日夢之旅了。導覽人員先從地面講起，這程序與庫柏佩迪很類似，他說明當年的機具如何操作，鐵礦又是如何被運送至地面，當年的礦工又是如何在礦坑附近討生活。

「這是當年礦工居住的地方，這看起來只不過是一個石塊堆起來的窩，對吧？不過這小窩當年足夠供兩個礦工在這裡睡覺，

想像不到吧！這樣侷促的空間竟然可以住人。　　　白日夢礦坑的地面探勘井。

奇特吧！因為當年的礦工不會平躺著入睡，他們是倚靠著石牆入
睡的，這是因為他們長時間在地下工作，其肺部吸入大量的廢氣
及二氧化碳，若是平躺著入睡對他們的健康不利。」導覽人員指
著那看似豬圈的地方說著，這倒令我們感到訝異，雖然知道礦工
的工作辛苦，但是也料想不到當年的生活會是如此的艱辛。

　　「當年的礦工最年輕的約莫只有十來歲，年紀稍長的也不過

Broken Hill 市區的黃昏，那些歷史建築物在昏黃日光的掩映下有種滄桑的感覺。

三十歲左右，他們之所以選擇當礦工實在也是不得已，因為這附近沒有工作機會，而採礦的薪資又高過其他工作，因此他們願意拿生命去換更好的生活。一般而言，當年的礦工都是打定主意工作個三年，賺到了錢便離開去追尋更好的生活。而通常一年之後他們便會把家眷接來礦坑附近生活。」

「那麼，第一年的日子不就是一個人在這個礦坑附近過活？」我問。

「是啊，如果是結了婚有家室的大約都是這樣，這附近什麼都沒有，礦工除了挖礦之外還是挖礦，不過因為生活環境惡劣，因此礦工的平均壽命都不長。有些不幸的遇上了工安意外，命喪此處，幸運的賺了錢離開了礦坑，但是卻也賠上了健康。礦工們離開礦坑之後

1. 白日夢礦坑的地面場景。

2. 白日夢礦坑的礦工準備室，在那裏我們著裝準備進入地下的坑道。

3. 進入白日夢礦坑的柵欄，一片荒蕪的景象對看慣蠻荒的我們而言早已經習慣了。

少有活過十年以上的，這是因為他們吸入大量的二氧化碳導致許多後遺症。當年若有礦工活過五十歲的已經算是高壽。」

「我當礦工時情況已改善很多了，所以我活到了現在啊！但我的父祖輩那代還是很心酸的！」那位已經有花白頭髮的導覽員笑著說道。

「不過在1882年時的景況可不是這樣，當年的生活艱苦，在採礦的高峰時期有五百多個礦工在這礦坑工作著，你可以想見當時這裡有多擁擠，而這批礦工實際上也是當時這地區的第一批居民。」

「這附近並沒有穩定的水源，那當時的礦工如何度日呢？」同行的一位瑞士人問起了這個重要問題。

「因為這裡的水源並不穩定，儘管有河流經過，但是一年中大半時間的河床都是乾枯見底的，加上這裡的冬天比較陰涼，因此採礦的工作在冬天比夏天更為密集。由於冬天的水源更加難以掌握，且將水運至這裡的成本很貴，所以水在這裡異常珍貴，除了沐浴之外，礦工們並不使用水。」那年約五十歲的導覽員解答了旅人的疑問。

「那麼他們平常難道不喝水嗎？這怎麼可能？」我帶著好奇問導覽員。

「對！這個問題是一大重點，礦工們將酒當成水飲用，因為酒的成本比水低，這聽來有點不可思議對吧！？但是當時的確是如此。此外，礦工們飲酒有另一個好處，那就是在某個程度而言，酒能解毒，不過也因為礦工們將酒當水飲用，因此他們的肝功能多半也不好。」

Day Dream Historic Mine礦坑一直開採到1983年才歇業，這中間歷經了許多不同階段，機械化的進步也讓礦工的生活越來越好。只不過任何礦藏總有採完的一日，當該地的礦藏逐漸不符開採成本，加上礦工的生活總是比其他工作艱辛，在後繼無人下，人去樓空的礦坑最後也吹起了熄燈號。

在地面瀏覽完礦坑的一切之後，接著著裝進入礦坑。我們

白日夢的地下坑道要比蛋白石小鎮的坑道憂鬱許多，那種陰暗讓人感到一絲的悵惘。

頭頂戴了一般礦工所用的頭盔，頭盔上的探照燈微微地照亮坑道裡的昏暗；腰間繫著一個蓄電池，那是供探照燈所使用的電源。兩位導覽員一一解釋地下坑道中的一切，我們還親自使用鋤頭採礦，那鋤頭著實沉重，坑道中又暗無天日，只要將燈一熄便是伸手不見五指的黑暗，空氣中則瀰漫著一股霉味。

那時那位有著一頭花白頭髮的導覽員將燈一熄，「那麼就這樣啦！我們明天見，考慮一下在這邊工作吧！很刺激有趣的！」雖然知道他鐵定是在開玩笑，但也不由得感到心中一凜，因為坑道裡的發霉空氣與全黑的環境總叫人感到不舒服，即使數分鐘都能讓人焦躁不安，就更別提在地下工作了。那坑道密密麻麻的，若將燈熄滅，即使是慣行於坑道的礦工恐怕都未必能脫身，更何況我們只是初來乍到的旅人呢？我也發現，如今礦坑裡的幾個角落都備有無線電求救電話，那是怕萬一有遊客發生意外而設置的，隨行的導覽員也會隨時以配備在他們身上的無線電向地面上的基地台傳呼以確保通信正常。

歷時大約一小時半的導覽在很愉悅的情形下結束了，Day Dream Historic Mine雖然是我們旅途中所參觀的第二個礦坑，但是與庫柏佩迪一比卻有很大的差異。兩處地下社會儘管都在蠻荒，但是Day Dream Historic Mine明顯顯得黑暗，而庫柏佩迪卻淌著一點璀璨炫麗的光芒；Day Dream Historic Mine呈現的是一種滄桑，庫柏佩迪卻又有道不盡的夢幻色彩，只不過地面上的太陽始終是一樣的，那令人避之唯恐不及的刺眼陽光總是揮之不去。

Nowhere的黃昏

　　Nowhere是我的日本同學吉田孝子對於Broken Hill的形容，她認為Broken Hill好似荒郊裡的一處不知名所在，從那裡望去的四野全是無以名之的荒涼岩漠。她說那裡的黃昏很美，美得淒涼，美得動人。她曾與同學從墨爾本出發，來到Broken Hill，最後再從Broken Hill回到雪梨。我也曾聽同學講過，Broken Hill的氣氛很休閒，人們總在黃昏之後活動，因為白天實在太熱了。由於Broken Hill地處荒涼，擁有大片的空曠，想像不到的是那邊有一家飛行學校，可以在無邊無際的藍天裡翻飛，這大概是所有飛行員的夢想

吧！Broken Hill也是澳洲空中醫療服務Royal Flying Service Doctor of Australia的重要據點，這為蠻荒中的人們提供了必要的醫療服務。幅員遼闊的澳洲若是缺乏了這項服務，那麼，許多人可能因此陷入難以預料的危險裡。

位於Broken Hill市中心的遊客中心是了解Broken Hill的最佳去處。

在遊客中心。

「請問一下這簡介折頁裡的夕陽要去哪裡才能見到？」我問。

「喔，那地方距離Silverton不遠，那裡的地平線一望無際，因此可以見到完完整整的落日，這簡介上的夕陽便是在那裡拍攝的！」櫃台小姐面露微笑說著。

只是夏末初秋的時節裡，太陽真正落下大約已經是八點多了，加上看餘霞滿天的光景恐怕又得要半小時，因此看落日這愜意之事在蠻荒裡卻也未必愜意，因為太陽落下之前的高溫曝曬恐怕就會讓許多人卻步，夕陽之後卻又是

1. 前往 Broken Hill 郊區看夕陽時所偶遇的另一群鴯鶓。
2. Broken Hill 郊區壯闊的夕陽讓交通號誌也成為一種美。

無盡的黝黑孤寂，而且在黑夜的蠻荒裡行車是駕駛的一大忌，倒不是乏了路燈的照射而心生恐慌，畢竟車燈也足夠供應開車所需，問題是入夜之後的蠻荒有許多動物開始活躍，我便聽過有人在夜間開車撞上了袋鼠，袋鼠未亡而人卻因為翻車重傷不治的事件，於是乎在Broken Hill看夕陽似乎也成了有點棘手之事。

我們於五點多抵達Silverton，早過了可以瀏覽邊城的時間，鎮上那些改建成藝廊的老建築也都打烊了。如今的邊城矗立著幾棟百年前的大宅與教堂，一小段的街肆被刻意保留下來，但早無人煙。白晝的疏落遊人已經散去，剩下的是一群烏鴉在斜陽陰影裡躞步，還有偶爾咆哮而過的汽車捲起的一大片塵土，我們躲在教堂的巨大陰影下躲避陽光。在這之前，我們曾信步在邊城的泥路上閒晃，只是擾人的蒼蠅實在太多，沒多久便急著躲進車內。在車內，僅能將車窗微微打開，因為伺機而動的蒼蠅隨時會鑽進來。在這蠻荒裡，渺小不起眼的黑色蒼蠅才是真正的霸主，任何人都難以攖其鋒芒，人類唯一能做的就是選擇與牠們妥協，然後一廂情願地認為牠們會真的放過你。

那稍嫌漫長的等待一直到了七點鐘，太陽終於微微頷首了，我們驅車往地平線前去，斜射的陽光依舊刺眼。

Silverton 的一部廢棄金龜車也成為澳洲人創作的公共藝術。

蠻荒裡無雲的天氣讓夕陽顯得更加狂野。

此次並無其他遊人參與觀日活動，遠方倒是有幾隻袋鼠與我們遙遙
相望。按照常理判斷，太陽將西下時，蠻荒的蒼蠅就會打道回府，
但這裡的蒼蠅卻特別活躍，當我將腳架固定好準備拍攝時，約莫就
有幾十隻蒼蠅繞著頭部飛之不去。一開始我以為過些時候牠們便會
散去，豈知這群蒼蠅竟圍著我亂飛。因為實在鬥不過，我們索性就
用毛巾圍在臉上，狀似蒙面大盜，僅僅露出一雙眼睛。這招果然奏

一大清早於露營地上所見的鸚鵡，我從未在新南威爾斯看過這種鸚鵡。

效，等到太陽真正落入地平線之後，蒼蠅才真的盡數散去。

　　夕陽的微光慢慢燒盡蔚藍的天，先是橘紅色的微焰燃起了鵝黃的天光，幾顆微星稀疏地落在天邊的階沿。黃光散盡，接著是藍光，亂石鋪成的地面有幾叢枯木，地平線上也僅有幾棵不大不小的樹襯托著。當地平線上的光慢慢燒盡，留下的只剩淒美的悵惘。等到星星爬上了穹蒼，我們望著那亙古不變的星軌，然後燃起了車燈往Broken Hill折返。漆黑如墨的黑夜中，唯有天上的繁星點綴著一絲光芒，只是那不並足以讓荒涼的蠻荒增加任何光明。我一路小心開著，心想只要將車燈一熄，剩下的便只有滿天流轉的星星了。我們原也想留在原地看星星的，只是杳無人煙的荒地總透著些許悲戚，且高溫散盡，寒涼侵人，蠻荒中的一切是那樣的變化迅速，這看似不變的變化已經經歷了數萬年了。

　　返回Broken Hill的路上，碰到了幾隻袋鼠。牠們的眼睛在夜間泛著紅光，讓人遠遠地便能望見牠們。我刻意把速度放慢，只見牠們一躍過柏油路，即迅速消失在夜色中，牠們是澳洲大地上的王者。

　　隔天早起，營地的旅人有些五點多便拔營，天空還是魚肚白的顏色，映襯著Broken Hill，住附近的幾位老人家正在澆花，與他們打了照面之後，便從容地離開了Broken Hill。

第二部 大洋

前往維多利亞 Victoria

一大清早我們啟程前往維多利亞，剛出城就遇見了一隻正要過馬路的蜥蜴，我急忙將車子回轉，下車瞧瞧那結實的小傢伙。在澳洲荒郊的路上遇見稀奇古怪的生物並不特別，不過，那正要過馬路的小傢伙卻也難得。自從我在澳洲電視上看過牠之後，便一直想要親眼目睹牠，但這種生物生性害羞，即使在野外也不容易看見，結果這麼巧，竟然就在Broken Hill附近的路上讓我給遇見了。

這種蜥蜴是澳洲的特有種，稱為Shingle-back Skink（拉丁學名是 Tiliqua rugosus），有著肥厚粗短的尾巴，乍看之下常讓人以為有兩個頭，因此也被稱為two-headed skink。skink是小蜥蜴的意思，雙頭可以混淆視聽，用來欺敵。牠的鱗甲很厚，粗短的身軀看來格外詭異。映著清早的溫柔陽光，牠似乎忘了過馬路的危險，自顧自的緩慢爬行，直到看見我挨近了牠身旁，才「急忙」想鑽進車底的陰影裡。牠憤怒地向我吐著牠淡藍色的舌頭，有時甚至做勢要撲過來，牠哪知道，我其實並無惡意的。對於那場晨

酷似兩頭的牠往往讓人訝異於牠古怪的造型。

間的偶遇，我甚為欣喜，之後儘管也在西澳的路上碰過幾次，但卻都看到了牠們悲傷的下場——蒼蠅繞著牠的身軀不斷打轉，爭吸著牠的體液——牠因為移動緩慢而枉成輪下冤魂。這令我想起了在馬來西亞蘭卡威島上的大蜥蜴，那種巨大的蜥蜴總是趁著夜涼時分爬上尚有餘溫的柏油路上，以柔軟的淡黃色腹部吸收白晝的熱量，不過這行為卻導致了同樣枉死的結果，尤其是少不更事的幼小蜥蜴更是死傷慘重，當地人早就習慣看見那樣的場景，倒是異鄉的旅人替牠們感到無由的傷悲。

這種蜥蜴有著松果般堅硬的鱗甲，正在從容過馬路的牠大概很怨恨我對牠的騷擾吧。

　　hingle-back Skink是澳洲一百五十種小蜥蜴中的一種。蜥蜴在澳洲陣容龐大，比起其他爬蟲類，牠們以種類眾多取勝。儘管種類繁多，但彼此的差異卻很大，例如有些小蜥蜴有著光滑的皮膚，有些則有著崎嶇不平的表面。一般而言，公蜥蜴的體型要比母的稍微大一些，尤其是公蜥蜴的頭部與頸部都比母蜥蜴來得大。 Shingle-back Skink體長大約介於12至18英吋之間，短胖的身材與一般細長的蜥蜴有著很大的差別。牠的鱗甲像毬果，看起來有種異常強硬的氣勢，當牠吐著淡藍色的舌頭時，當真有著一種外星生物的風格。Shingle-back Skink身上的顏色多變，不過大致上是黑色、暗灰色、暗棕色等等，偶有紅色、赭色甚至是白色的紀錄。Shingle-back Skink的身上分布著淡黃色的斑點，遇襲時會將肺部膨脹起來，然後張大嘴巴發出嘶嘶的聲響以嚇唬對方。老實講，這套禦敵措施的確蠻管用的，起碼牠唬住了我這位不速之客。

　　Shingle-back Skink分布的區域在南澳及西澳蠻荒，外表看似勇猛，其實內在卻很害羞。根據研究，這種蜥蜴很少遠離巢穴，牠們以岩穴為家，屬雜食性，幾乎無所不吃，諸如昆蟲、蝸牛、腐肉、野花、水果等等，牠們一概來者不拒。卵胎生，據說也是一夫一妻制。我不是什麼爬蟲類專家，因此無法判斷碰到的那隻Shingle-back Skink到底是雄性或是雌性。我欣賞牠那毬果外殼般的堅硬鎧甲與詭異的造型，不過牠顯然不願意與我親近，悻悻然用牠的「極速」鑽進了車底。

　　離開了那隻史前怪獸之後，我們便一路朝維多利亞省的方向前去，路上的風景開始有了變化。在Broken Hill附近的新南威爾斯省境內仍舊是荒涼主宰了大地，那乾褐色的原野發燙著，遠

進入維多利亞之後便是濕潤多於乾燥的氣候，因此道旁出現的葡萄園多不勝數。

方的海市蜃樓依舊迷離，不過越接近維多利亞，土地的顏色便越多樣，乾褐色的地貌漸染上綠意，原來沒有植被的地平線也出現了些許生機，空氣中多了幾分溼意，迎面而來的不再是稀薄的熱氣，而是一種恬淡涼爽的氣味，於是，在進入維多利亞之後，我們算是正式與蠻荒訣別了，也與蒼茫的大地 Say goodbye。

進入維多利亞之後也進入了人煙較集中的區域，道路兩旁有住家及莊園分布。

Charlton小鎮

　　進入維多利亞之後，路上的車子多了起來，兩旁開始出現葡萄園與農舍，偶爾也會路經農牧小鎮，不過那些莊園與小鎮的規模與面積都不算太大，即使如此，對我們而言，這已經算是很新鮮的經驗了。道路沿著河走，一路的綠意像是特意為我們接風洗塵，畢竟我們已經很久沒見到綠樹與河流了。

　　進入維多利亞之後，駕駛的心情也跟著溫和下來，車輛儘管比荒野裡多了許多，但車流量依舊不大。沿途兩邊多是麥田，收割過後的麥田在陽光映照之下顯得更加金黃。人們依舊習慣以翹起手指的方式打招呼，我們毫不停歇地往目的地而去，中午時分便已經抵達Mildura市。Mildura是維多利亞與新南威爾斯邊境上的重要市鎮，傍著Murray河，規模頗大，人口超過三萬，因此市容看來繁華。Mildura市也是附近農業小鎮的貨物集散地，該區域（Sunraysia區）以出產水果、小麥與葡萄酒著名。我們在這裡吃了中餐，也逗留了許久。中餐之後我們信步走到Murray的

河岸觀看風景，也在市區的街道裡穿梭。在Subway速食店吃中餐時遇見了幾位韓國年輕人，一眼望去即知是到澳洲渡假打工的；出了Subway之後又在路上遇見了幾位台灣的年輕人，想來他們都是在附近的小鎮莊園中打農場工吧！自從澳洲開放台灣人的渡假打工簽證之後，每年都會湧入上千位台灣年輕人到澳洲打工，因此旅途上遇見台灣人的機率很高。

　　大概因為維多利亞的路況平順，出了Mildura城沒幾個小時，約在黃昏時便已抵達Charlton小鎮，算算一天下來，竟然跑了六百多公里，比我們原先的預計時間要提前許多。我們最初並不是要在Charlton鎮落腳，只是沿途的小鎮多半不大，雖然也有露營地，但天色尚早，於是我們就繼續往前，直到近黃昏時才隨機在Charlton小鎮停下。Charlton小鎮也是傍河而立的農業小鎮，Avoca河由此流過，因為河水流經的緣故，Charlton小鎮又有The Friendly River Town的稱號。大抵而言，維多利亞地區的小鎮都是一條通

──農舍、穀倉與住家就沿著道路迤邐，規模小的大約不到一公里的長度，規模大的大約也只有數公里。這些一條通小鎮在過去都是驛站，即使在交通已經發達的今天，他們的驛站功能也依舊存在，因此總不

Mildura市是該區域的重鎮，三萬的人口數也讓它具有城市的樣貌。

這一路是穀倉之路，沿途都是小麥田。

難在鎮上找到百年的懷舊旅店。在過去的時代裡，附近的農夫將
農產品運至這些小鎮出售，然後在小鎮補給日常所需，過往的行
旅則選擇在小鎮歇腳，而Charlton小鎮的位置剛剛好介於墨爾本與
Mildura市的中間，因此往來兩地的客商都會在此地休息，小鎮上
就有幾家古樸的小旅店，而我們的目標是盡快找到露營地，因為
我們的預算不高。

　　這種一條通的小鎮讓我們很快就在河邊找到了露營地，但奇怪的是卻一直找不到露營地的reception，已經紮營的旅人告訴我們：「reception在前面的pub裡，你過去問問便知道了！」那些在露營車旁小酌的老先生老太太瞧見了我們的迷惘，好心的指引我們到前面的酒吧去！這倒是很有趣，因從來沒有在pub裡頭辦check in手續的

沿途所見美麗的雲彩風光。

經驗。這營地看來不太像是露營地，因每輛露營車都靠著小屋，我們一度以為那小屋即是供人居住的一般小屋，後來才知道那只是一間衛浴，只不過那衛浴是不與其他人共用的，難怪當我們在reception一聽見「房價」只要二十五元時都覺得不可思議，原來那房價只是一間浴室與廁所的價錢。

在1848年開埠的Charlton小鎮，有著與英國故鄉Greenwich郡Charlton一樣的名字，有趣的是在維多利亞省境內有兩個叫做Charlton的小鎮。Charlton小鎮的開發並非是因為淘金的關係（維多利亞省境內有許多傍河小鎮是因為淘金的關係而形成的聚落），而是該地有穩定的水源。換言之，Avoca河在該區域是生命的泉源，因為該地的農業灌溉所依靠的便是Avoca河的河水。此河水生養了一千多位鎮民，由於鎮民多半務農，因此也就練就

1. 那日的氣候並不穩定，偶爾間歇性地下起小雨，在荒郊裡看見這種破雲而出的陽光總會讓人停下車來好好欣賞一番。

2. 我們一路往前行，看不完的穀倉便一路向前綿延。

出一身傲骨,當地的農人個性樸實也樂天知命,或者應該說澳洲的農民已經練就出一種與大自然抗衡的精神。

因為澳洲經常處於乾旱的狀態,在夏季裡bush fire(叢林火災)是經常可見的,有時連月的大旱也會逼使牲畜死亡。2006年,因為長期的乾旱即使得許多牧場無法經營,竟有許多牧場主人選擇了自殺。當時我感到很驚訝,因為在已開發國家中這種現象幾乎是不可思議的。我的心理諮商師朋友Lins告訴我:「即使是牧場硬漢面對成群的牲畜死亡,也會感到絕望的」。

在八○年代,Charlton小鎮曾因為農牧經濟蕭條而流失了許多人口,不過之後人口又慢慢穩定回升,加上當地政府用心多方經營,現在小鎮最吸引外地人前往的竟是它的影展。在人口僅僅一千多人的小鎮竟然也能舉辦影展,這倒是很新鮮有趣。Charlton小鎮的影展聚焦在非

1. Charlton 小鎮上的露營地。

2. 沿途這樣的景色經常可見,綿延的小麥與畜牧區也養活了維多利亞的眾多人口。

3. Charlton 小鎮上的小餐廳,很有家庭餐廳的味道。

主流與小眾，參加影展的「電影」都是尋常人所拍攝的小品，他們用簡單的攝影機錄下了屬於自己的觀點，導演有可能是一位裁縫師、學生或是美髮師，由於這個特色，因此它吸引了許多對於紀實有興趣的人。我們在小鎮時恰好遇見了影展，許多老夫婦不辭路途遙遠，從墨爾本趕來，為的就是觀賞這種平常看不見的作品。因為影展的成功，許多作品其實是來自於海外，例如就有不少英國人參與了這項影展。那晚我本來也想去看看影展的，只是飢腸轆轆，因此最後還是選擇走進了一家當地的小餐館。

那個黃昏異常的絢麗，遠方的厚重雲彩堆起了赤紅色的蕈狀雲，沒多久便刮起大風下起了大雨，那晚我們便是聽著雨聲入睡的。打在帳棚的雨聲淅淅瀝瀝的，雖然稱不上是大珠小珠落玉盤，但規律的聲響恰好可幫助我們入眠。進入維多利亞之後，氣溫降低了不少，風也轉強了，連惱人的蒼蠅也跟著變少。

超現實的Sovereign Hill

　　我們的目的地是大洋路,但是在造訪大洋路之前得先去看看維多利亞境內著名的Sovereign Hill(一般譯為疏芬山),那地方恰好在Geelong(季朗)之前,季朗又是大洋路的起點。那天一早我們從小鎮出發,往季朗的方向前行,綠意越來越濃,且不管是放牧的綿羊與牛都比之前所見的為多,葡萄園規模也比之前所見為大,空氣更為濕潤,感覺已經越來越靠近海邊。在海風吹拂之下,維多利亞成就了它豐饒的畜牧業與釀酒業。進入維多利亞人

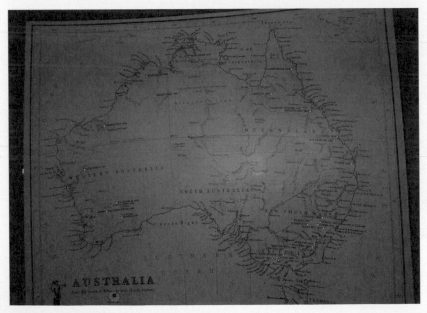

Sovereign Hill 的園區內詳細羅列了澳洲的產金地。

煙聚集的區域之後，駕駛的情況就變得
複雜一些，因為在市鎮的近郊總有龐大
的車流，這已經不是Charlton小鎮之前那
種恬淡的鄉間小道可以比擬。

我們順著地圖上的指示一路往
Ballarat（巴拉瑞特）市的疏芬山前進，
但卻一直找不到正確的路徑，於是我們
決定先到information centre詢問。中心的
工作人員很客氣，說明詳細。經過他們
的指引，我們才發現，原來疏芬山其實
就在距離information centre約二十分鐘車
程的地區。

於1851年開埠的巴拉瑞特是澳洲最
先發現黃金的地區，這個發現也引發了澳
洲的淘金熱，當時數以萬計來自各國的淘
金客齊聚在巴拉瑞特，其中也包括來自中
國沿海（主要是廣東省）的華工。當時華
工們稱此地為新金山，以區別於美國的舊
金山，這個淘金夢也促使巴拉瑞特逐漸成
為一個市鎮。不過夢總有醒的時候，三十

1. 複製百多年前的澳洲生活是 Sovereign Hill 最為有趣的地方。

2. 百多年前的雜貨店。

3. 百多年前的驛馬車重現於園區內。

多年前，當淘金夢已經褪去光環時，維多利亞省政府為了促進觀光與紀念這段澳洲淘金史，因此斥鉅資將當時的採金重鎮疏芬山改建成為一處寓教於樂的博物館。論規模，疏芬山是澳洲最大的露天博物館，這也是它之所以著名的原因；

　　疏芬山也是澳洲境內最負盛名的影城，同時也見證了澳洲淘金熱的歷史。當地政府的妥善經營讓它遠近馳名，幾乎到墨爾本觀光的遊客都會指定到疏芬山做一日遊，這是因為疏芬山所在的巴拉瑞特市距離墨爾本僅九十公里，即使當天來回也不至於會感到疲憊，而且維多利亞省為了促進觀光，又提出了許多交通優惠方案，因此儘管疏芬山的門票並不算便宜，但到訪的人卻有增無減。

　　疏芬山將1850年代的淘金熱完整地複製出來，將歷史鎖在一百五十多年前

1. 園區內最為有趣的大概就是淘金。

2. 園區的工作人員複製當時上流社會淘金的樣貌。

3. 看到了嗎？當年的保齡球館。

的時空。那裡的街道與1850年代無異，工作人員穿著百年前的服裝，甚至工廠中打造器具的方式也與百年前無異，百年前的照相館、劇院，糖果店、蠟燭店、唐人街、驛馬車車站，甚至是殯儀館等等，一一呈現在觀光客的眼前。觀光客甚至可以在當地的Red Hill Gully Diggings淘金，那是一條原本就存在的小河，過去的淘金客在小河中努力淘金，現在的觀光客則在小河邊體會當時的淘金盛況。疏芬山也保留了一座地下礦坑，那深入地下的礦坑完整保留了當時挖金礦的場景，原本已經被廢棄的礦坑如今以一種觀光的姿態重新出現，當年的現實透過今日的超現實而被呈現出來。

　　疏芬山的成功之處在於它將歷史帶回了現在，那些精心重建的場景有些甚至是沿用當年的材料構築而成，古老的氛圍加上現

園區內的水力發電廠。

代化的展示讓疏芬山成為一處很後現代的地方。那些「演員」神色自若的演出也讓現代人得以一窺古早之前的人們如何地生活，甚至在新增的唐人街區，官方也將百多年之前華人移民澳洲的生活樣貌詳實地表現出來。之所以有唐人街的增設其實是為了日漸增加的大陸遊客，我們在遊覽疏芬山的時候便看見絡繹不絕的大陸觀光客湧向那裡。當然，新展覽區的規劃也豐富了疏芬山的內容。從新設的唐人街展覽中，我們看到那些華工人形偶依舊戴著故鄉樣式的斗笠，穿著的是藍色的粗布衣裳，還留著清代的辮子。當時

園區內的古老郵局。

園區內的打鐵鋪。

這些華工被稱為賣豬仔，意味著像是豬仔一般被販賣至國外。不過這種說法其實有點背離現實，因為當時的華工固然有些是被販賣至國外，但也有很高的比例是自願搭乘火輪（輪船）到國外討生活的。這些華工往往在契約到期之後繼續留在國外發展，例如在澳洲的華人有些已經繁衍至第四代，這便是從1850年代開始算起的。但是有紀錄以來的第一個澳洲華人則在更早的1810年代便在澳洲落地生根。有些華工則是等到有了成就之後衣錦榮歸，時當清末民初，回到家鄉的華工們被稱之為金山伯，意味著他們從海外的金山歸來。這些華工泰半來自廣東的肇慶、開平、潮州、汕頭等地，尤

其以開平一帶最多，因此這些沿海地區又被稱之為僑鄉。有趣的是金山伯把異國的建築也帶回了廣東，並且在家鄉興建中西合璧的雕樓，那些獨特的雕樓如今已成歷史瑰寶。

在疏芬山所展示的華工生活中，可以清楚看見那些中文告示中所使用的語法依舊是屬於粵語的用法，疏芬山的迷人之處亦在這裡，因為它所展示的不僅是一種複製，它更是一種超現實。疏芬山的成功經營令人不得不佩服澳洲人的創意，在文化行銷上，澳洲人的創意力與執行力可以說是獨步全球，當人們開始談論國家品牌時，澳洲政府早已經用他們的智慧打造出一個幾乎是脫胎

園區內的工作人員一律穿著當時的服裝成為一種很時髦的賣點。

身穿當年警察制服的工作人員。

換骨的新國家,這個澳洲已經與過去強調白澳的舊澳洲有著天淵之別。澳洲在八〇年代積極招募新移民之後便有了體質上的改變,它努力在各方面尋求進步與創新,而這種努力在文化的表現上尤其出色。

疏芬山不僅提供動態與靜態的文化之旅,它在夜間也有許多活動,例如燈光秀的展示;那裡也有旅館,觀光客可以選擇在疏芬山

過夜。疏芬山的旅遊當局並精心規劃出
很多活動，例如配合學校的假期所推出的
冬季專案便是一個範例。在平日，疏芬山
也提供場所給一般民眾作為婚禮與party之
用，它的多元經營不僅讓當局賺進可觀的收
入，更重要的是它利用再造的方式滿足了人
們所嚮往的懷舊氣氛，這種用心也直接反
映在它的名聲裡，可以說，疏芬山已經成
為維多利亞的重要象徵。

　　疏芬山旁的The Gold Museum（黃金
博物館）則提供了完整的澳洲採金歷史，
館內不僅介紹了澳洲的黃金開發史，也
詳實介紹了黃金用途與世界各地的黃金
分布及開發概況，最令人感到有趣的是
它的黃金收藏，甚至你也可以在博物館
的商店裡買到貨真價實的黃金。

　　當天的陽光依舊刺眼，我們在
Sovereign Hill那裡消磨了整個上午，一直
到午後才驅車前往季朗。

1. 當年的消防車。

2. 當年的蠟燭工廠。

3. 工作人員正以當年的方式打造器具。

當時華工們所開設的雜貨店複製。

當年華工們棲身的小屋複製。

小屋內還看得見當時飄洋過海隨華工們而到澳洲的神主牌，不過那當然也是複製品。

季朗（Geelong）

目的地是季朗，之後是大洋路（Great Ocean Road），因此我們刻意略過了墨爾本。

離開淘金小鎮之後，於午後抵達季朗，兩地的距離其實很短，由於不急著找尋露營地，我們先往information centre詢問關於大洋路的資訊。先前聽說那裡的工作人員很熱心，資訊很豐富，實際情形確也如此。

工作人員笑著問我：

「請問你從哪裡來呢？」

「喔，我是台灣人，但是目前住在雪梨。」

「喔，我們這裡經常有台灣人來唷，很多台灣人都會來這裡詢問。」那位戴著眼鏡的女士一邊在本子上記下我的國籍，一邊與我閒聊著。

「請問一下，若是在大洋路上停留的話，那麼最佳的住宿點在哪？」

「大多數的旅人都選擇Apollo Bay那裡，因為那裡的規模大些，加上離著名的十二門徒像也不遠，因此很多旅人會選擇在那裡過夜，不過沿線的小鎮基本上都有民宿，因此住宿不會是個問題。」

在information centre流連了一個多小時之後，

季朗 Geelong

清早在露營地附近所見到的獨木舟大賽。

我們信步來到了海邊──遊客中心原本就靠海。從前季朗是維多利亞境內羊毛出口的港口，因此遊客中心旁也有一座羊毛博物館。目前人口大約二十八萬的季朗位居墨爾本西南方約七十五公里處，是維多利亞境內的第二大城。我對季朗的印象首先來自氣象預報，初次看見這個地名時還以為它的唸法應該與基隆相似，加上它又濱海，與基隆雷同，因此我總記得維多利亞也有一個港口叫做基隆的；接著從澳洲人風靡的橄欖球比賽中，季朗的球隊曝光率也很高。季朗的球隊一如澳洲其他地方的球隊一般也有自己的渾號，它的渾號叫做The Cats。

　　Geelong這個地名源自當地的原住民語Jillong，意義是土地或者是懸崖。在1850年代裡，由於季朗附近的巴拉瑞特發現了金礦，這直接促成季朗的成長，也因為金礦的開採，季朗從農牧業出口的港口躍身為工業化冶金的城市，各行各業的需求刺激了季朗的經濟發展，外地人口於是紛紛湧入，其中亦包含為數不少的中國移民。這些中國移民多半來自廣東沿海，而季朗這個譯名實際上也是當時的華人所使用的譯法。當時季朗的人口總數約有二萬二千人，由於得天獨厚的條件，使得它足以與雪梨、墨爾本、塔斯馬尼亞的荷巴分庭抗禮。不過季朗後續的發展則未如預期，因此始終屈居第二。1910年，季朗升格成為市，其發展伴隨著工業進步持續加溫，直到1960年代，人口數已經達到了十萬人之譜，之後工業發展雖然趨緩，但服務業人口的增加仍使其緩慢成長，到了1990年代季朗，已經成為全澳洲的第十二大城。

季朗的碼頭風景。

離去季朗之後沿途便能看見這樣的交通號誌，可見當地的環保成效不錯。

　　一般遊客通常是從墨爾本前往季朗，搭火車約莫一個小時左右可以到達，因此許多墨爾本人喜歡到季朗一日遊。季朗也與其他澳洲城市一樣，已經將提昇觀光列為重要施政指標。澳洲人一提到季朗，就會聯想到在海邊的人形繫船柱（bollard）雕刻，那些雕刻作品是由藝術家 Jan Mitchell 在1980 年代陸續完成的。當時的季朗碼頭即將拆除，那些在碼頭上原本用來繫住船舶的柱子一時之間似乎變成了無用的木頭，不過藝術家Jan Mitchell 靈機一動，把那些被拆除的木柱彩繪成 104 尊美麗的人形木偶，而季朗市政府也將這些木偶廣泛地擺設在市區的各個角落，從海邊一

直蔓延到市郊的山坡、公園、植物園、交流道旁等等。這個轉念也成為季朗觀光的最佳賣點，因為許多觀光客即是衝著木柱而來的，有些人還堅持一定要將所有的木柱找到才甘心。這些木柱成為推銷季朗的最佳代言人，也成為講述季朗當地風情的現代立體浮世繪。木柱的造型取材自季朗的形形色色人物，例如水手、運動選手、漁夫、樂團歌手、警察、教師等等，人形描繪的年代則從季朗殖民時期開始一直到當代，因此觀光客可以看見有些人形所穿著的服裝很古典，例如十九世紀女士們所穿的及膝長裙。那

些本來應該報廢的木柱，在經過藝術家的巧手之後，轉變成一種簡單有力的人偶藝術品，彷彿它們也是有血有肉的市民，述說著季朗的過往與現在。也的確，事實上，那些人形有很多就是以當地名人為版本塑造的，例如當地的報社主編、政府官員、藝術家、運動員、救生員等等，利用這種方式，藝術家將城市的歷史編進了她的創作裡。

　　季朗的木偶已經成為著名的觀光景點，到季朗的人們總愛與那些可愛的巨型木偶合照，那日我們在海邊也在找尋那一尊尊的木柱。季朗不愧是一座休閒的城市，那裡的綠意盎然，人們悠閒地在海邊散步，儘管天上間歇性的飄著忽大忽小的雨，不過遊人們的興致不減。在那海邊令人駐足的除了著名的人形木偶之外，還有Cunningham pier及旋轉木馬。Cunningham碼頭有著純正的英國血統，那木棧道向海中延伸過去，木棧道的盡頭就是一家餐廳。大體上英國的pier都是這種調調，我在英國時見得多，因此對於季朗的白色Cunningham pier並不覺得奇怪。

倒是那旋轉木馬值得一書。旋轉木馬設於室內，是當地小孩的最愛，父母們常帶著孩童前來同樂。室內的旋轉木馬隔絕了外界的飄雨，孩童們彷彿是透過地球的自轉理解了海上的風景。木馬的節奏不快不慢，孩子的心也隨之舞動著。透過玻璃的反影，看見一群孩子們映在海天一色裡，忽弱忽強的雨絲沒有打亂木馬的節奏，孩子們的嬉笑依舊，玻璃圍起來的空間裡聽不見沉重的海濤吐復，孩童的笑鬧聲永遠的將那空間封鎖了。旋轉木馬旁有一座百多年前推動同一座木馬的蒸汽機，沉默地躺臥在一角，與孩子們的熱絡氣氛恰成對比。

　　下午我們一直在海邊，到了黃昏將近才起身前往市郊尋投宿的露營地。季朗的住宿其實不多，營地的設備也很普通，但是一晚三十七元的價格著實讓我們吃了一驚，那是我們在所有旅程中所遇見最貴的價格。在營地安寨之後去了附近的購物商場吃晚餐

兼補給，晚餐是在Hungry Jack打發掉的，那家速食店在澳洲很普遍。據說Hungry Jack其實就是Burger King的分身，只不過雙方有合約上的衝突，因此澳洲的Burger King才以Hungry Jack的名字掛牌。Hungry Jack的牛肉是用烤的，因此味道比較甜美，不過我倒是沒有太多研究；對我而言，餐點就是祭祭五臟廟而已，況且在旅途中我們也只求溫飽，加上預算不多，除非必要，否則我們還是偏愛自己開伙。

當晚下雨，雨勢有些大，沒多久卻發現有一部車正要停在我們的帳棚旁邊。他們一停妥即熄了燈，顯然是趁著露營地打烊之後進來的，我們之前曾經碰過類似的情況。許多旅人知道caravan park約莫最晚七、八點便會打烊，而且不是每一家caravan park都設有感應大門，大多數caravan park可來去自如，換言之，要不要付錢check in只是道德問題。這一輛車想必是打好了算盤，並勘查過地形與相關設施了，因為她們的神色清楚地告訴了我。車上的三個女生在車子停妥之後便魚貫地拎著盥洗衣物前往浴室淋浴。在澳洲，並

不是每一家caravan park的衛浴都會上鎖，因此旅人若是要行險，其實機會很多。她們在盥洗之後又魚貫上了車，將車窗搖上，然後在車內安睡，等到了隔天一早的五點半，再啟程前往下個目的地，如此一來，神不知鬼不覺。

翌日清晨我們也早早起床，上半夜的雨已停了，收拾帳棚之後便往附近的河邊散步去。一早我們便聽見河邊有喧嘩聲，從圍牆探頭出去查看才知道當地有獨木舟比賽，好奇的我們於是便去一看究竟。

澳洲人愛好運動是出了名的，獨木舟賽儘管只是地方性的比賽，但是河的兩岸聚滿了人群，那日又剛剛好是週六，因此一早到河邊運動的人很多，我們閒散的在河邊踱步，一直到近午時分才向大洋路進發。

Great Ocean Road大洋路

　　蠻荒與大洋路可以說是我們此番旅行的兩大重點，它們有著截然不同的個性：一個是曠野的孤寂滄桑，一個則是濱海的旖旎迴旋；一個是大氣的蒼茫，一個是大氣的壯麗，城市與他們相較全都成了小巧的妝點。

　　全長243公里的大洋路從維多利亞的Torquay開始一直到維多利亞的Wamamboo為止，這條由一次世界大戰中返鄉的三千多名士兵所修築的道路是在紀念大戰中為國捐驅的士兵。由於大洋路的國際知名度很高，所以被列為澳洲遊絕對不能錯過的一個景點。

　　在地圖上，大洋路的道路編號是B100，速限從時速八十公里到一百公里不等，屬於維多利亞的省道之一。由於它的知名度實在太高，因此人們通常只知道它叫做Great Ocean Road，卻很少人記得它的道路編號叫是B100。有人認為從季朗到Torquay的Surfcoast Highway這一段也算是大洋路的一部份，故而將季朗當作大洋路的首站。

　　大洋路的修築計畫可以追溯至1864年，當時的英國殖民政府已經有興築大洋路的打算，但是一直到1918年，當時已經獨立的澳洲才真正開始探勘這條路線。從1919年開始修築的大洋路工程一直持續到1932年為止。由於大洋路靠著海岸蜿蜒，靠山面海的氣勢造就了它舉世聞名的地位，不過也因為它靠山的關係，因此工程的難度頗高。道路上上下下，穿山越嶺，不僅貼著海而且切過許多河的出

Anglesea的高球場風景優美

Anglesea附近的大洋路。

海口。彎彎曲曲的路線儘管傍隨著美麗風景，但卻也是隱藏危險的所在，如果駕駛人駕駛不當，很容易在大洋路上釀成意外，我們就當場看過一輛車因為超車不當而翻落河床，因此在行駛大洋路時我總是小心翼翼，一點也不敢大意，若是遇見了喜歡的美景，我會選擇在路旁停車。由於沿途美景不斷，因此道路旁可供暫時停車的賞景點（lookout）也很多，而且主管單位在美景出現之前總會以標誌告知遊人——lookout的標誌以一部相機為符號。

　　大洋路在1922年時從Eastern View到Lorne的路段完工，1932年從Lorne到Apollo Bay（阿波羅灣）的路段也

Anglesea 附近的海岸。

完工了，至此大洋路可以說是全線貫通。整條大洋路緊緊地擁抱了Bass Strait（巴斯海峽）及South Ocean（南海），在Anglesea與Apollo Bay之間的風景尤其壯麗，那段路程沿著海而翻山穿嶺，加上中間有許多零散的小聚落，也平添了農家牧歌般的風景。

我們悠閒地以不慢不快的速度漫遊著，好整以暇。有許多遊客自墨爾本出發，然後以一天的時間來回大洋路，實在是辜負了這美好的風景。當初我們在墨爾本時就看過類似的出團廣告，但我們既然租了車，當然要將租車的好處發揮到淋漓盡致。

之前我們在季朗的information centre曾經向工作人員詢問在大洋路上的何處可以看見野生的無尾熊，那位女士說在Anglesea（安格爾西）的高爾夫球球場上有很高的機率可以看見牠，而安格爾西的位置剛好在大洋路上的首段，那裡也是我們在大洋路上的第一個停靠點。安格爾西的海岸有著名的步道，從停車場一直走到燈塔，然後再從燈塔往海邊走去，這步道走來相當愜意。靠著海的安格爾西有大約一公頃的野地被稱之為Anglesea Heathland，步道即穿越野地而行。根據當地的說明與指示，那不算大的一公頃野地裡竟生長著162種當地的特有

從這個角度看去可以看到 Anglesea 著名的野地風光。

植物。1983年，當地曾經有一場bush
fire，火勢大到將整個區域的植物燒毀殆
盡，當時有專家預言野地無法復育，不過
澳洲的bush fire是一種週而復始的常態，因
此當地植物已經演化出劫後餘生的特異功
能，看似焦黑的土地在季節的更迭之後便
能重現生機，果不其然，安格爾西在幾年
之後便又長出許多植物，據說連絕跡多時
的許多特有植物竟然也在該次大火之後重
現江湖，可見澳洲植物的龜息大法可也容
不得我們人類小覷。之後，我們在西澳旅
行時便親眼見過野地裡的bush fire，當時
在巴士上的我們感到駭異，不過同車的
澳洲人卻早就習以為常。

　　許多遊人都將安格爾西列為遊賞大
洋路的第一站，但像我們到安格爾西找
無尾熊的人就不多了。更正確的說法是，
當時只有我們是懷抱著這樣的心情去附近
的高爾夫球場找無尾熊的，只不過謠傳

1. 大洋路的拱門。

2. 看見右方山丘上的建築物嗎？那裡是滑翔翼的訓
　練場，大洋路的沿途偶爾就能看見滑翔翼飛翔。

3. Lorne 小鎮所看見的彩色小屋。

中的無尾熊顯然不在高爾夫球場的大樹上，又或者牠們躲在球場的林間深處竊笑著這兩個千里而來的旅人。我們依照地圖的指示兼又問了當地的路人，最後才找到了高球場。只不過那球場實在大了一些，謠傳中舉頭便可以看見無尾熊的說法不攻自破，又或者我們只是純粹運氣差了一些。總之，我們在球場裡四處搜尋，在大樹下抬頭望著樹上的動靜，那些正在打球的老夫妻被我們這兩位突入的異類給吸引了，直瞧著我們望，好似不曾見過這樣的人一樣，令我們也感到尷尬。球場上除了一群覓食的袋鼠之外，其餘並沒什麼令人驚喜的動物，只好懷著略顯失望的心情回到了安格爾西。我們來到海邊的information小亭，在這裡又觀察了半天，想從中找到一些蛛絲馬跡，結果當然是徒然。原以為無人看管的的小亭沒多久竟有一位老先生前來，原來是義工，雙方就地聊了開來。

「啊！台灣來的朋友啊！你故鄉的一切可好，有機會我也想到台灣看看呢！」那滿頭白髮的老先生笑著說道。

「是啊！台灣距離這裡可遙遠呢！這個小鎮看來很恬淡，您是在此地養老嗎？」我問。

「是啊！這裡其實住了許多藝術家呢，很多藝術家喜歡這裡的與世無爭，因此遷居此地，你看這不就是我們當地製作的月曆！」那位和善的老人一邊說一邊將一本A4大小的月曆紙遞給了我。月曆是以雪銅紙張印製而成的，一看便知道製作用心，十二個月分別採用了當地十二位藝術家的作品當作主題。沒想到小小的安格爾西也是臥虎藏龍，我有點受寵若驚的收下老先生的禮物。

「我們想知道這附近有哪裡可以看見無尾熊？我們之前聽季

朗的information centre的工作人員說此地的高爾夫球場有無尾熊，不過我們找了半天始終也沒見到。」

「那你們可以試試下一站的Lorne（隆恩），隆恩的規模比這裡更大，據說那裡information centre附近的大樹便能見到無尾熊。」

那友善的老先生儘管如此說，不過我卻沒有當真，畢竟那全是機率的問題，倒是小高想要看見無尾熊的意志很堅決。當初，我們

濱海的大洋路有著首屈一指的美麗風景。

在塔斯馬尼亞島上看見鴨嘴獸與刺蝟，其實都是無心的偶遇。

　　一到隆恩，我們便進了information centre打探究竟。我是不懷抱什麼希望的，畢竟大洋路沿線兩旁涵蓋的面積何只幾千平方公里，要在那成片的森林裡尋找無尾熊無異是緣木求魚。儘管有些人在網路上指證歷歷說在何處曾看見無尾熊，但這純粹是機率問題，大洋路儘管綿延廣泛，我總覺得要看見野生無尾熊的機率應該不高。不過我在隆恩的information centre裡閒晃時卻又看見了專門報導無尾熊的簡介，於是小高便積極的向那裡的工作人員詢問。

　　「在Kennett River那個小村的停車場往森林裡走去，大約二十分鐘的車程，那林間深處便有無尾熊，看到的機率很高！」那工作人員如此說。

Apollo Bay之前所看見的牧歌般的田園風景。　　大洋路的某些風景讓我想起了紐西蘭南島的好山好水。

越過 Apollo Bay 之後所看見的風光。

　　看到的機率很高？後來我們才知道這機率的確是高的，因為據說Kennett River是全澳洲最容易見到野生無尾熊的地方。我們按照工作人員的指示，由Kennett River小村的上坡山路直往林間深處去，路程雖短，但都是崎嶇的大小石塊，加上我其實並不確定能否看見無尾熊，因此總覺得像是遙遙無期一般，而且兩邊漫無邊際的森林更加深了我的疑慮。最後將小車停在林中小徑的前方，因為從這裡開始，車子便無法進入，只能步行。曾經聽說有人在大洋路的路旁便目擊了無尾熊，對於這等說法，我們實在也無從考證起，畢竟我們從來也沒遇見過。

　　那天只有我們兩隻靈長類動物走進了Kennett River的森林。小徑很清爽，桉樹林間除了鳥鳴之外便無其他聲響。一開始走了約莫半小時，卻始終沒見到任何蹤影。那林子其實不小，而無尾熊的毛色並不顯眼，我們用力地在樹與樹之間搜尋，並無所獲，這真是一項很艱鉅的任務。一直到我們想要放棄時，小高突然看見遠遠高高的樹上停著一隻無尾熊，我們驚喜得未敢大叫，生怕驚動了牠。不過那無尾熊似乎不受影響，安坐在樹枝上，文風不動地緩慢吃著他的桉樹葉大餐。有了第一隻隻無尾熊之後，便鼓舞著我們深入林間。

林間的無尾熊 Koala

　　深入林間之後，我們又陸續發現了其他三隻無尾熊，其中有兩隻與我們之間的距離極為靠近，雖然不到伸手可及的地步，但是在目視的情況下無尾熊的一舉一動都清楚地映入我們的眼簾。他們搔癢、進食、在樹上移動的種種動作都異常的緩慢，甚至連眨眼的動作都令我覺得像是慢動作重播般的緩慢。我們悠閒地在林間散步著，原來要看見野生無尾熊並不是那麼困難，與那四隻無尾熊的相遇也平添了我們無數的旅行回憶。自從進入維多利亞之後，許多道路的標誌都以無尾熊為圖騰，有些路段也標明了無尾熊會路過的標誌。自從我們在塔司馬尼亞有了路遇刺蝟的紀錄之後，對於此等標示便不敢大意，因為標示中的內容都可能會發生──那是機率上的問題，運氣好的話真的就會目擊那些馬路旁的野生動物。

　　在林間散步相當愜意，微風舒緩，大洋路的濕潤將我們之前在蠻荒領受的燥熱全都洗盡了，林間再無其他人等，那四隻無尾熊依然穩穩地攀在枝椏之間，似乎泰山崩於前都無法震懾他們。牠們緩慢地摘著樹葉吃著，偶爾瞧著樹下的我們，偶爾閉目沉思。牠們從領間到胸前的白毛好似一條細緻的圍巾，在灰色的身軀中，配上這一圈白，增加了幾許的優雅，猶如林梢的紳士與淑女一般，漫遊在樹與樹之間。

　　拉丁學名叫做Phascolarctos cinereus 的無尾熊是澳洲特有的生物，除了澳洲之外其他洲陸並無牠們的族群；牠也是澳洲的圖騰

前往林間的小徑。

之一，世人一想起澳洲往往便想起了袋鼠與無尾熊。在澳洲，除了塔斯馬尼亞與西澳之外都能看見無尾熊。無尾熊的草食性、有袋類的特徵是牠們的正字標記。澳洲大半的哺乳類都屬於有袋類（marsupial），有袋也是澳洲生物於演化史上最重要的象徵。長相可愛、個性溫和的無尾熊分布在澳洲南方與東方的海岸地區，

南澳從阿德雷德附近到最南端的Cape York（約克海角）半島都能
看見牠們的身影，此外在南澳的一些小島上也能見到無尾熊的身
影。不過澳洲的無尾熊在二十世紀時曾經慘遭人類大量屠殺，例
如在1910年代，光昆士蘭一省便有百萬隻無尾熊被殺。人類殺無
尾熊的原因是要獵取牠們的皮毛，當時無尾熊的皮毛被出口到歐
洲及美國，儘管之後的澳洲社會開始正視無尾熊被屠殺的問題，

我們看到的第一隻無尾熊。早期的歐洲人以為無尾熊的神情很像是宗教畫中的聖母像，或是
歐洲繪畫中的女伯爵。

但卻無法在短期內改變無尾熊的悲慘命運，例如在1927年，光是一個月的合法狩獵裡便有六十萬隻無尾熊死於非命。以現在的眼光看來，我們實在很難想像當年的澳洲白人有多麼的凶狠、殘忍以及無知。今日的無尾熊當然是在保育的範圍內，但是每年仍舊有一些無尾熊死於狗的攻擊還有交通意外。近年來由於土地開發，實際上也影響了無尾熊的生存，因為無尾熊需要大片乾淨的林地。儘管澳洲幅員廣大，但適合人類發展的區域卻不多，而適合人類居住的區域往往也與無尾熊的生存區域重疊，這也導致無尾熊的棲地被破壞。

澳洲的無尾熊因地方的不同而有些許的差異，例如維多利亞省的無尾熊是澳洲無尾熊中顏色比較偏暗的一種，那種顏色近似淡巧克力色，同時牠的毛也比較長。無尾熊間彼此的差異在澳洲境內也成為一種有趣的對比，例如在氣候比較炎熱的昆士蘭省，其境內的無尾熊體重比較輕，雄性無尾熊大約重6.5公斤，而雌性無尾熊重約5公斤；在氣候較為寒冷的新南威爾斯境內，雄性無尾熊大約重12公斤，而雌性無尾熊重約8.5公斤。通常體重較輕的無尾熊看來比較邋遢一些，且身長也比較短，毛色比較灰。就因為無尾熊彼此之間的差異，因此無尾熊在拉丁文的命名上也有著細微的不同。

Koala（無尾熊）這個字起源於澳洲的原住民語言Gula，白人最初依其發音將Gula以拉丁字母Koola譯出，不過日後卻因為誤傳而變成Koala。有趣的是Koala這個字在原住民語言中意為「不喝水」，而這不喝水誤打誤撞地符合了無尾熊很少喝水的生態。無尾熊拉丁學名中的Phascolarcros則起源於希臘文的phaskolos（袋）

與arktos（熊）；而cinereus這個字則起源於拉丁，其意為灰燼的顏色。無尾熊的拉丁學名很傳神的形容了這種澳洲特有的生物──灰色的袋熊，儘管無尾熊並非是熊的一種，但是由於最初的英文將牠以Koala bear稱之，因此世人一開始便誤以為無尾熊是一種熊，加上無尾熊的討喜造型很像是大眾喜愛的泰笛熊（Teddy bear），因此更加深無尾熊之為一種熊的錯誤，直到今天，在澳洲以外的地區，世人仍以Koala bear稱呼無尾熊。

無尾熊的物種起源至今仍不清楚，生物學家推測牠們的祖先應該類似澳洲的wombat（袋熊），袋熊也是現今澳洲生物中在血緣上最接近無尾熊的生物。不過無尾熊的手爪結構則與袋熊大異其趣，無尾熊的五指分離方便其攀樹，這是因為牠棲息於樹上而演化出來的構造；此外無尾熊也是少數哺乳類動物中有指紋的一種，無尾熊的指紋分布類似人類，但較不明顯，因此難以從指紋上分辨出兩隻無尾熊的不同。

我們看到的第二隻無尾熊。澳洲的原住民神話中認為無尾熊是他們死去孩子的化身。

第三隻無尾熊。無尾熊鮮少到地面活動，爬下樹的理由通常是為了更換另一棵樹。

　　無尾熊在生物鏈上的地位與南美洲的樹獺（sloth）類似。古代的無尾熊其外型比現今的大上一大號，現在看似比較嬌小的無尾熊是從五萬年前開始「瘦身」的。古代無尾熊的化石並不多見，紀錄上，僅僅在北澳曾經發現過二千萬年前的化石。二千萬年前的北澳是雨林處處的動植物天堂，與今日的荒涼相比可說大相逕庭。根據研究，無尾熊並非一開始只吃桉樹（尤佳利樹）的

樹葉，但是當地球的氣候逐漸轉冷時，澳洲大地的桉樹獨樹一幟地成為優勢樹種，因為只有桉樹可以在較低的氣溫中成長，這也讓無尾熊別無選擇的以桉樹為食。不過並不是每種桉樹樹葉都適合無尾熊採食，在澳洲有六百多種的桉樹，無尾熊只吃其中的五十幾種。由於桉樹的樹葉富含水分，其含水比例高達百分之五十，因此在正常情況下，無尾熊是無須額外攝取水分的，這也造成世人的錯誤印象——無尾熊不喝水。

　　無尾熊其實也喝水的，在旱季時許多無尾熊會到人類的住家中找水喝，所以原來給狗飲用的水盆偶爾會闖入無尾熊這樣的不速之客，這也間接造成無尾熊被狗攻擊的事件。在旱季中，無尾熊時常無法採集到足夠的桉樹葉，此時便需找水喝。牠們甚至還曾向人要水呢！我曾經在阿德雷德的自行車專賣店看過這樣的報導：有些自行車玩家在林間小徑偶遇無尾熊，牠竟然向人類要水喝。澳洲的苦旱往往讓許多生物面臨生存危機，而無尾熊自然也承受了這種天災的風險。無尾熊將桉樹葉當作主食是演化的結果，但實際上桉樹的樹葉並不營養，且不容易消化，並含有微量毒素，因此對澳洲的大多數動物而言，桉樹葉都不是食物，無尾熊之所以反其道而行，實在也有牠不得已的苦衷，這種情況大概也與熊貓將竹子當作主食的情況雷同。

　　由於演化的關係，無尾熊的牙齒結構與袋鼠及袋熊類似，這是因為牠們都屬於草食性動物的原因，此外與其他有袋類動物一樣的是雄無尾熊也有分離的睪丸，而雌無尾熊則有兩條位於側邊的陰道與兩個分離的子宮，這種結構與其他有袋類動物是相同的。

　　無尾熊與其他有袋類動物最明顯的差別大概就是牠的「個性」吧！由於無尾熊泰半的時間都待在樹上，因此除了在繁殖季外牠們的活動力並不強，不過當無尾熊遭逢壓力時，其叫聲在一公里之外都能被聽見。例如在繁殖季期間，雄無尾熊便會發出吼聲，這種吼聲據說跟人類的幼兒哭叫聲類似。我們在林間所見到的那四隻無尾熊一概都做昏沉沉的半醒狀態，動作很遲緩，連吃起樹葉的動作都很慢。不過必要時無尾熊仍舊有其「兇猛」的一面，特別是當人類試圖捕捉牠時，牠的牙齒、利爪都可能讓人受傷。無尾熊平均壽命仍舊不清楚，但是在動物園中的無尾熊曾有存活十八年的紀錄。雌無尾熊在2-3歲時便已經成熟，雄性無尾熊則大約在3-4歲時才發育成熟。一隻健康的雌性無尾熊平均一年可以產下一胎幼子，生育年限可以長達12年。

　　當時我們看見那四隻無尾熊時自然是喜不自勝，不過最想看的還是無尾熊母子在一起的模樣，但在野外要看到無尾熊母子的機率並不高。無尾熊幼子在母親袋中的時間長達半年左右，在半年之後幼子會爬出袋中探索這個世界，但是此

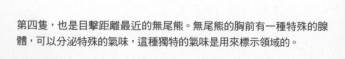

第四隻，也是目擊距離最近的無尾熊。無尾熊的胸前有一種特殊的腺體，可以分泌特殊的氣味，這種獨特的氣味是用來標示領域的。

時的幼子依舊依附在母親身上。有趣的是如果幼子是雌性的，則母親多半在撫育牠一年之後便要求牠獨立，母親會要求幼子離開牠前往其他附近區域活動；而如果幼子是雄性的話，則會留在母親身邊直到牠2-3歲時才會被母親驅離。成年的無尾熊平均花16-18個小時休息，而所謂的休息即是指睡眠。那天有幸看見四隻正清醒著的無尾熊，說來也是幸運，因為如果牠們在眠熟的狀態下，是很難看見牠的全貌的。除去休息之外，無尾熊將其他的時間用來進食，換言之，無尾熊一天所從事的活動大抵不出吃與睡兩種。無尾熊的進食並沒有特別的時段，但是根據統計以夜間居多，我們偶遇的那四隻則是在午後進食。我們看著牠們緩慢地摘著樹葉，然後緩慢地將樹葉往嘴裡送，緩慢地咀嚼。偶爾，牠們會從樹的這頭慢慢地爬到那頭，牠們重複著一樣的動作，我們卻不覺得煩悶，大約是因為在野外目擊了無尾熊，這種令人雀躍的幸運總是可以反覆回味再三的。

我第一次看見無尾熊是在雪梨動物園，那時的距離雖然很近，但卻一點也沒興奮之感，總覺得無尾熊不該長在那種水泥叢林裡。澳洲人視無尾熊為吉祥物，因此在許多慶典活動中總會看見作無尾熊打扮的大型玩偶出現，澳洲政府對於這種吉祥物的保育也很積極。根據統計，野生無尾熊的數量大約介於八萬到十萬隻，由於數量還算多，因此IUCN國際野生動物保育組織將無尾熊列為普遍常見且受威脅程度較低的野生動物。在澳洲以維多利亞的無尾熊最多，不過在2009年二月的那場黑色星期六大火中有許多無尾熊不幸被燒死，動作遲緩的無尾熊很遺憾的不能迅速逃離災害現場。在那場大火中，有一個鏡頭令人很難忘記：當時救難

人員從林間火場中救出一隻已經被火燒傷半邊身體的無尾熊，之後在救難人員的悉心照料下又逐漸恢復了生機，那幕救難人員以奶瓶餵養無尾熊的畫面不知感動了多少人，彷彿那受傷的無尾熊也是澳洲人的一份子。被擁在人類懷中的無尾熊已經不再僅僅是一隻無尾熊，牠似乎代表了當時受難的澳洲人。很多生物學家悲觀的表示在經過大火肆虐之後，維多利亞境內的無尾熊數量恐怕少了許多，而這種無法挽救的損失不僅是澳洲人的損失，也是整個地球的損失。

　　我們在林間漫步，反覆看著那四隻無尾熊緩慢的活動。林間的樹蔭涼爽，來自海面上的微風輕輕掠過樹梢，世世代代在林間繁衍的無尾熊似乎早就領略了大自然的奇妙，他們穩如泰山地停在樹上，彷彿地上行走的兩位靈長類動物與他們毫不相關。

往聖地——十二門徒石柱——前進

　　告別了無尾熊之後，我們繼續往大洋路前進，目標Princetown（王子鎮），那是一處不起眼的小村，之所以選擇在此過夜是因為那裡最靠近The Twelve Apostles（十二門徒石柱）。十二門徒石柱是大洋路上最負盛名的旅遊聖地，人們遊覽大洋路的動機多半也是因為這個聖地的號召。在澳洲所謂的十大旅遊景點裡，十二門徒石柱即名列其中。

　　大洋路上旖旎的美景，渾然天成，也無處不在，如果只是匆匆一瞥就揮揮手離去，那是辜負了這世界級的壯闊風光。我初抵澳洲時便曾經聽過朋友說起大洋路，他說大洋路是他的療傷之路，曾在天微亮之時於其上漫遊，特別的是他並非開車，而是腳踏自行車騎完大洋路的來回路程。我們一路上也見到一些自行車騎士不畏炎陽迎風前進，這讓我想起了我們的寮國之旅，在那高低起伏的琅郎拉邦山間以自行車邁步前進的確不是一件容易的事情，因此當我們在寮國山間看見了自行車騎士時總不免讚嘆他們的毅力。大洋路的難度儘管沒有琅郎拉邦山間的激烈落差，然而沿途的壯麗美景卻也很容易讓自行車騎士分心。

　　大洋路，可能是澳洲境內最適合慢慢閒晃的濱海公路。四

十二門徒石柱的風景既大氣又柔美，無怪乎吸引無數的人前來朝聖。

面環海的澳洲有無數的濱海公路，但大洋路卻是最值得一遊的
一段。行車其上，無法像在蠻荒裡狂飆，高速只會讓美景從車
窗前倏忽消失，我們刻意緩慢前行，那是有史以來我第一次在澳
洲以那樣慢的時速前進。大洋路在越過隆恩之後的海岸有著柳

暗花明的景色，因為在大洋路的東段蜿蜒著奧特威山脈（Otway Range），儘管山勢並不突出，但卻足以攔下從海洋吹來的西南季風，於是帶著豐富水氣的季風便在山脈附近落下地形雨，孕育出茂密高聳的森林。由於樹林密布，因此奧特威山脊地區的伐木業也曾盛極一時。越過隆恩之後似乎就少見高聳的樹林，因此先前比較侷促的景色在隆恩之後便開闊起來，可以一覽無遺地眺望大海與海岸丘陵的美景。在Apollo Bay（阿波羅灣）之後，路是在山間與海濱裡穿行。進入山間可看見田園小村，彎進海邊時看見的又是深藍與純白的交錯，令人無法想像翻白的驚濤駭浪竟然出自

十二門徒柱是澳洲的代表風景之一，也是大洋路上最著名的地標。

大海玄妙的藍，一種亙古的對比油然自心頭生出。不過這種對比
看似美麗卻又隱藏著致命的殺機，因為自古以來大洋路的濱海便
是許多船隻的葬身之所，無數的大小船隻在此地淪為波臣，有些
人僥倖生還，有些則永遠地沉睡在海床之上。

　　我們並沒有在阿波羅灣停留，這路上規模最大的市鎮輕易地
被我們略過，因為我們想在傍晚之前抵達十二門徒石柱，理由無
他，十二門徒石柱的日落足以撫慰所有旅人的奔波。

　　下午時抵達Princetown（王子鎮），找到了一家落成不久的民
宿，一群年輕的美國學生也住在那裡，聽店家說是在雪梨參加環
東澳洲之旅的同學，一輛中型巴士說明了他們的陣仗，通常那種
中型巴士都會隨車拖著一輛小型行李車廂。經營民宿的夫妻很客
氣，價錢也很公道。事實上王子鎮上可供經濟住宿的地方不多，
因此最後還是決定在這新穎的民宿落腳。只不過那晚不巧領受了
那群美國年輕人的噪音，以及無禮行徑，他們刻意忽略其他旅客
的權益而放肆地在客廳中喧嘩，甚至在隔天的早餐表現上也是完
全的不及格，我因此懷疑起美國的教育。

　　王子鎮背海面山，山谷之間有一大片溼地，偶爾可以看見黑天
鵝與一些水鳥在溼地裡覓食。在民宿辦妥了check in之後，便直接驅
車往目的地十二門徒石柱，那時天光仍舊明亮。從王子鎮到十二門
徒石柱的距離很近，因此即使是在天黑之後開車返回民宿也不會太
危險。我所說的危險是因為在此地的黑夜駕車時路上是無半點光線
的，所以我總是儘量避免在夜間開車；在大洋路那種濱海靠山的道
路尤其必須小心，因為那彎曲的道路不似蠻荒中的筆直。

　　不到五點的光景便有許多人駐足在可以遠眺十二門徒石柱的

日出與傍晚是觀賞十二門徒的最佳時段，因為光線的變化會讓石柱有著不同的面貌。

崖上，這裡有一座國家公園導覽館，裡頭詳細的說明了十二門徒石柱的形成原因。那些在海中突出的巍峨石柱是千萬年來的海潮所侵蝕而成的。在悠遠的歲月洗禮下，潮水侵蝕了沿岸的石灰岩，一開始是海蝕洞的形成，接著海蝕洞轉變成為海蝕拱門，當海蝕拱門坍塌之後便形成海蝕柱，十二門徒石柱便是海蝕柱地形。這種地形並不少見，不過以十二門徒石柱高達四十五公尺的高度卻是鳳毛麟角。

十二門徒之名則是它的數量剛好就是十二，白人便以耶穌的十二門徒為其命名，而之前原住民如何稱呼這十二座巨大的岩柱早已沒人在意了，世人如今只記得十二門徒的名字，。那迷濛之中若隱若現的巨柱遠比基督教的歷史久遠，基督教的形成與它相較不過是滄海一粟，只是不知道這羅列在海濱的石柱是否也是上帝的傑作？

據說之前的遊客除了可以站在觀景台上眺望十二門徒石柱的美景之外，還可以順著當時的步道拾階而下，當時十二門徒石柱的濱海沙灘是開放給遊客遊覽的。十二門徒石柱附近的海岸是企鵝保護區，因一般遊客如果沒有許可證是無法入內的，不過國家公園當局似乎已將此地附近所有的海灘列為保育區域，因為我們

並未看見任何遊客在沙灘上，而且也沒看見通往海灘的階梯。

　　我總覺得十二門徒石柱的美景適合遠眺，靠近它反而容易失焦。千萬年的潮來潮往將十二門徒石柱附近的石灰岩海岸逐步地淘空，唯獨那些堅硬的石柱仍舊挺立著。因為角度的問題，十二門徒柱在崖邊無法一眼望盡，如果想要覽盡十二門徒，唯一的方法是登上直昇機，只是費用不便宜。這段無法一眼望盡的海岸地形長達40公里左右，最遠可以到達Warrnambool（一般譯為華南埠）外數公里之處，而Warrnambool在大洋路上已經是末端。

　　當我們走在崖邊時，所有的旅者都望著十二門徒拍照，日本人、大陸人、歐洲人、澳洲人、美國人等等，全都發出了喂嘆的驚呼，畢竟那樣的險峻石柱並不容易看到，那樣的蔚藍海水也不是隨處可見。那時天光依舊閃亮，斑駁的石柱在迷濛的海潮之間

十二門徒附近有許多海蝕地形可供觀賞。　　　　　　　　　白晝的石柱也有一種光亮的色調。

矗立著，我們漫不經心地在步道上散步，偶爾湊近去聽導遊的講解，大半的時間則是看著遠方的風景。海面上輕籠著薄霧，石柱在恍惚之間似乎也在遊走著。

即使在秋天，澳洲的日光移動仍舊緩慢，約莫黃昏時分，原來的蔚藍海水才慢慢地發生了變化，大家都聚精會神地看著海天的光影變換。海的夕照像是正在卸妝的少女，四下一片靜默，連濤聲都已遠颺，風中有幾隻海鳥，偶爾也能見到隼停格在半空中，天際則是微嶔的淡彩，海上閃著鯉鱗似的光波，隨著長湧瀲瀲蕩映著鏡般的海面，粉紅與淡橘輕輕地抹上了霞綺，鵝黃也瀉影在海的波心，像是漂浮的曇花陣陣的綻放它醉渦的笑，真有如夢境一般，只是這夢境已消融於海天一色中，模糊了大洋路上的夕照。

暈染的火焰餘燼最終轉成了一點一點的星晞，大洋猶自吐著自己的幽歎，我們看著低垂天際的微星慢慢沿天階而上，然後收拾腳架返回住處。回程短短的路在黑夜裡轉成了漫長的彎曲，滿天星斗已在頭上流轉，我們緩慢前進，星辰卻看似不動，大洋路上的夜色尚早卻已經看似深沉，車後一輛中型巴士緊隨著我，似乎就是那輛載著美國學生的巴士。

原來那晚我們是唯二的散客，那群年輕學生一直喧囂到半夜，同行的澳洲導遊似乎也不想插手。他們霸佔著客廳，幸好我們對看電視沒興趣，只是在進餐時覺得他們的行徑稍嫌誇張，人多勢眾似乎就是他們的寫照。

Portland 波特蘭

翌日清晨我們早早醒來，外面兀自飄著淡淡的乳白霧色，天邊劃過幾行飛雁，溼地上的群鳥已經開始喁喁竊竊，但凝靜似乎仍是大洋路上清晨裡所有事物的狀態。

Princetown 附近的濕地風景。

　　客廳裡杯盤狼藉，已經喝盡或是尚未喝完的啤酒罐堆滿了
各個角落，那群美國人還熟睡著，倒是當地人家習慣早起。我們
順著漂流的霧色走向了山谷的溼地，一入谷地便看見一頂鮮豔黃
色的大帳棚，那是昨晚夜宿在此地的人家，不知夜間的寒風是否
讓他們受凍了？遠方的蜿蜒河道看不盡它的出海口，河兩岸的溼
地正甦醒著，一枝枝草點著一滴滴的露湛，溼地上看似沒有什麼
動靜，但蜜蜂正忙碌啜吸著野
花，鷗鳥一聲一聲清脆的聲響
規律地在天上依洄，那似乎就
是寧靜早晨裡的單音節篇章。

The Grotto 也是由海蝕作用所形成的海蝕洞。

朝陽鋪灑在油亮的綠色溼地，
不知道不遠處的大洋波鱗間是
否也輕漾著光豔的小舟？

　　結束晨間漫步，返回住
處，帳棚裡的人家正在準備著
早上的紅茶，我們相視一笑。
那群年輕人也起床了，有些已
經在吃早餐，趁著他們忙亂之
際從容地離開了民宿。不久我
們又來到了十二門徒石柱，遊
人如織依舊。

　　大洋路在過了十二門徒之
後便接近終尾，沿路上大大小
小的海蝕地形不斷，有些崢嶸、

有些小巧、有些大氣、有些則看來饒富趣味。正是因為海岸的屏障，因此大洋路西半部內陸的生態才得以繁盛，此處的平原是澳洲境內比較少見的火山地形，千萬年前火山噴發炙烈的地區在經過物換星移之後，如今也馴化成一片遼闊的荒原，所留下的是火山錐、堰塞湖、還有火口湖等等地貌。這些火山遺跡星羅棋佈地分布在西

London Arch 附近有許多類似的海蝕柱地型。

部平原上，由於地理環境特別，因此也孕育出很多獨特的植物。

十二門徒之後的景點就屬位於Campbell Port與Peterborough之間的「London Bridge」（倫敦大橋）最為有名，不過倫敦大橋也已經不堪時間的吹折而從中崩塌了。原來與陸地相連的倫敦大橋在1990年夏天的某一個午後，突然就像兒歌「倫敦鐵橋垮下來、垮下來」一般地真的垮了下來，自此之後，它與陸地就永遠的分開而獨自矗立在海上。據說陸橋崩塌之際，有一對情侶還在上頭欣賞海景，不知道歷經大自然巨變洗禮的他們日後是否還敢在海邊賞景呢？崩塌之後的倫敦大橋自然不能再叫做橋了，如今它已經換了新的名字叫做London Arch（倫敦拱門）。這似乎就是大自然的鐵律，沒有永恆，即使堅硬的石柱也有傾頹的一天，原來的橋成了拱門，千百年之後或許拱門也會被潮來潮往的海水夷平而永遠沉入海中。

理論上，大洋路在Warrnambool結束。越過Warrnambool之後我們仍舊一路沿著海岸馳往預定的目的地Portland（波特蘭），之中比較大的市鎮是Port Fairy（菲利港）。介於菲利港與Moonlight Head（月光海岬）兩地之間的海岸則是惡名昭彰的水手地獄，因為在歷史上曾經有五十幾艘船隻在附近沉沒。由於這段海岸海潮洶湧難料，往昔的船隻航行至此往往難逃死神的召喚，於是這段海岸又被稱之為Shipwreck Coast（沉船海岸）。

大洋路儘管壯美，但是它吞噬生命的恐怖卻也將人們與自然分隔開來。壯闊的大洋路，隱含著致命的敵意。如果我們從人文歷史的角度切入大洋路的話，那麼大洋路就不僅僅是一條經典的海岸景觀道路，它其實夾雜著一些血淚、一些憂愁、

　　一些哀嘆，一些人們無意的小覷。當年的維多利亞是蠻荒之地，從英國前來的帆船大都沿著大洋路的海岸下錨，人們並不清楚沿線的海岸並非風平浪靜，那看似沉靜的大海隨時可能捲起滔天巨浪，手水想在垂直落差可能高達一百公尺的懸崖附近泊船，他們以為那是個安穩的所在，但結果卻可能遇上大風大浪而撞得粉身碎骨。當時人們滿懷著淘金夢，滿懷著對新大陸的渴望，滿

London Arch的風景，蔚藍的海水令人心曠神怡。

懷著對新生活的期待，然而這種想望卻也可能換來致命的危險，使們屍骨無存。大洋路在令人讚嘆之餘，也叫人感到無限的惆悵，那些令人心生畏懼的壯闊風景在當時卻也可能是客死異鄉的地方，所幸這些悲劇早已隨著科技的進步而消失了，如今的大洋路是一條康莊大道，駕駛人只需要按照交通規則小心駕駛，那麼那些當年的波濤洶湧也成了美景的泉源。

波特蘭的郊區風景，發電用的風車在維多利亞是經常可見的地標。

從步行的起點所眺望的火山山丘。

　　我想大洋路之所以能夠成為一條享譽國際的經典公路，主要原因當然是無邊無際的自然風光，然而當年的移民滄桑史也醞釀了大洋路在歷史上的獨特地位，即使將它與其他國家的海岸公路相較，它的條件也該是名列前矛的。

　　時間飛快，大約過了中午，飢腸轆轆的我們才在Port Fairy（菲利港）停留。菲利港的規模不大，倒是遊人不少，因為它是從阿德雷德往大洋路方向的必經之地，因此從阿德雷德出發的人都此地當成是進入大洋路之前的休息站。雖只是一個停靠站，但菲利港仍舊有值得一遊之處，例如它優越的賞鳥環境便經常吸引愛鳥人士前來，除此之外，附近的田園也有許多美麗的景色。吃罷午餐，繼續驅車前行，陽光很燦爛，澳洲透藍的天讓人忘卻了奔波的勞頓。

　　午後三點，終於抵達目的地波特蘭（Portland）。我們先到information centre瀏覽了一陣子，順便也在那裡休息。工作人員告訴我們波特蘭有幾家caravan park，按著工作人員給的地圖，我們找到了這家Portland Claremont Holiday Village，它的設備跟環境都稱得上是五星級的露營地，乾淨整齊的綠草地上還有成排的鴨梨樹，我們選擇在梨樹下紮營，由於天色尚早，我們搭完帳棚之後便驅車前往市區及附近的海岸去看波特蘭的風景。

　　波特蘭是維多利亞省最古老的市鎮，也是唯一一個介於阿德雷德與墨爾本之間的深水良港。古老的波特蘭遲至1985年才真正成為一個市，如今它的人口大約有一萬人左右。在十九世紀初，此港是捕鯨人與水手的補給站，由於它所在的波特蘭灣可躲避來自巴斯海峽（Bass Strait）的狂風，因此成為許多船隻靠泊的地方，久而久之波特蘭便發展成為一個港口。到了1834年，波特蘭開始有了農耕；1839年之後波特蘭才真正立鎮，而維多利亞殖民地的正式成立則在1851年，即使是墨爾本的開拓都要較波特蘭晚了一年。不過這是白人的歷史，對於當地的原住民而言，他們早就在那裡繁衍了數千年

火山山丘上所見到的風車。

了。當時白人的捕鯨與當地的原住民時有衝突，1833年時，更因捕鯨與原住民發生戰爭，原住民死傷至少有60人。

　　由於是古城，因此波特蘭處處是古蹟，一幢幢的老宅說明了它的滄桑歷史，斑駁的宅院似乎也有著道不盡的前塵往事，那些原本在英國故鄉屹立的松樹，如今也在維多利亞的土地上枝芽茁壯。目前的波特蘭港儘管不如從前來得重要，但是它那休閒的調調自有它自己的韻律。海堤上許多釣客正專注看著水面上的動靜，即使陽光刺眼，他們倒是一點也不在乎。因歷史的演變，過去的捕鯨業早就沒入了歷史，取而代之的是各種漁業及休閒活動。

山丘上的風剪樹，造型奇特.

　　波特蘭港是澳洲第一個被私人收購的港口，這種私有化令我感到印象深刻，沒想到連港口都可能出現私有化的現象，現在泊在港內的各式各樣漁船大約有六十多艘，而私人的遊艇與小船就更多了，偶爾我們也見到大船在港外等待卸貨。波特蘭的規模儘管不大，但是該有的設備卻一樣也不差，那些碼頭工人與漁工們在碼頭上熙來攘往，不遠處的海面也有幾艘遊艇正要靠泊，波特蘭似乎就是一座揉合著悠閒與忙碌、商業與遊憩的港口。

　　逛完市區，我們朝波特蘭的Bridgewater懸崖前進。通往海邊的路起伏很大，高上低下，猶如雲霄飛車般，充滿了駕駛樂趣的那段路卻也讓身為乘客的小高驚呼連連。Bridgewater的懸崖下是海豹的繁殖地，而那高出海平面一百三十多公尺的火成岩懸崖其實已經是維多利亞境內的最高峰。抵達目的地，下車健行，順著

山丘上的袋鼠。

霧氣瀰漫的海洋總有著冷冽的強風吹襲。

小徑走到懸崖邊，便能看見成群的海豹在海中悠遊。步道頗長，沿途可以看見波特蘭的濱海美景與丘陵上的巨大發電風車，那種發電用的風車在維多利亞境內經常可見。由於維多利亞的風大，因此風力發電值得發展，且符合環保意識，強調乾淨能源的澳洲對於這種天然的發電方式推動得很積極。在步道上行走，偶爾會碰上袋鼠從野草中竄出，牠們巨大的身形往往令我們一驚。儘管我們已經在澳洲看過無數的袋鼠，但是Bridgewater丘陵上的袋鼠卻依舊令人感到新奇。秋日夕陽裡的丘陵上野草漫漫，強勁的海風將濱海的植物塑造成有稜有角的模樣，我們一路逆風前進著，維多利亞的深秋果然有它令人敬畏的一面。那步道延伸至遠遠的底處，底處接著天，看來似乎就是一道往天上走去的小徑，我們儘管腳程不算慢，但卻似乎一直走不到懸崖那邊，最後遠遠的出現了兩個人正往回程的路上走來，我們自然在相遇時問問前方到底還有多遠？

「喔，不遠了，大約再走二十分鐘就會抵達崖邊。」那位看似是印度人的年輕人這麼說著。

「那海豹呢？容易看見嗎？」我問。

「那很容易的，懸崖下面的海濱就有大約一百多隻的海豹在那邊棲息著，只不過那裡的海風很強，這深秋季節的海風很冷。」那年輕人微笑的說著。

年輕人說的沒錯，我們的確在不久之後便抵達了崖邊，從觀景台上往下俯瞰，一大群海豹正在岸邊休息著，儘管海風冷冽，對於牠們而言卻似乎絲毫沒有影響。雖然相距很遠，但是機警的海豹一見到崖邊有人便倏地躍下海

波特蘭的海豹。

去，海中似乎才是牠們真正感到安全的所在，這與紐西蘭南島的海豹有著很大的不同。紐西蘭南島的海豹常常一副慵懶的模樣，躺在海邊的磯石上，即使附近有人類走過，也絲毫不在意。比起紐西蘭南島的海豹，波特蘭的海豹似乎是涉世未深，瞧見「靠近」的人便會一溜煙地跳進海裡。看了海豹之後往回走，那時天色漸暗，回市區時已經需要開啟車燈，路上人煙稀少。波特蘭儘管已經被稱為市，但是它的本相卻依舊有著鄉間田園的樣貌，而這其實也是許多澳洲「城市」的本相。

返回阿德雷德

晚間下起了驟雨，在帳棚內聽著窸窸窣窣的雨聲入睡。翌日清早，步出帳棚時發現草地上有掉落的鴨梨，這倒是少見的風景。我們住過的營地不少，但就屬Portland Claremont Holiday Village最有詩意。拾起一些鴨梨品嚐，那味道意外的甜美，我本來以為應該是苦澀多於甘甜的，沒想到竟有著果園產品般的味道，於是我們又多撿了一些，鴨梨成為我們上路後的意外點心。

隔鄰的大帳棚住的就是昨日午後在丘陵上相遇的那兩位年輕人，機緣巧合，我們很自然地聊了起來。

「昨天下午看見海豹了嗎？」那年輕人手上拿著盥洗用具問著我。

「是啊！的確是一大群！」我說

「你們打哪來啊？」那年輕人瞧著我問。

「喔！我是台灣人，不過目前在雪梨就學。」

「啊！我也是台灣人！」那年輕人用字正腔圓的漢語說出時，我楞了半晌。

「我是印度人，但從小在台北天母出生長大，父親在中山北路上開了一家貿易公司，小時候讀美國學校，一直到高中畢業才離開台灣，我目前在墨爾本讀大學，不過每年我都會回台灣至少一次，台灣是我的家啊！」那年輕人笑得很開懷。

「我就猜你是印度人，但我沒想到你竟然會講Mandarin，我

還是第一次遇見會講Mandarin的印度人。」

　　「昨天遇見你們之後，我就跟同伴講你們一定是韓國人或是日本人，但沒想到你竟是台灣人，我在台灣住了十八年，竟然看不出你是台灣人。」那印度年輕人說著說著自己也笑了出來。

　　「我看來像是日本人或是韓國人？」我當時也只能苦笑。

　　「你也住在台北嗎？」

　　「不！我住在嘉義，去過嘉義嗎？」

　　「我去過高雄與台南，嘉義沒去過，現在台灣有高鐵了，希

我們於波特蘭所投宿的露營地。

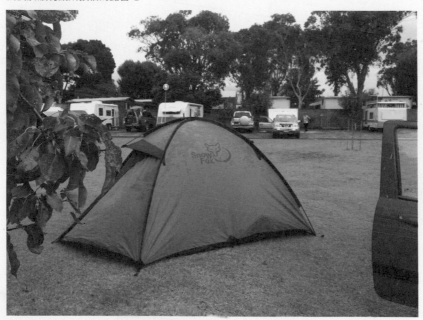

望下回我回台灣時也有機會搭高鐵南下。嘉義好玩嗎？」

　　「喔！嘉義有山有海，蠻好玩的，你知道的就是好山、好水、好人。」當我講到好人時，我與那年輕人都笑了。

　　我們聊了很久，那位年輕的印度人說起了台灣的一切總帶著一種欣喜的神情。他說他讀的是會計，畢業後要申請成為澳洲公民。似乎大多數的留學生讀的都是翻譯或是會計，因為那是移民加分的科目，而他們最終的目的都是留在澳洲。

　　「阿德雷德附近的丘陵很美，如果你們愛品酒，絕對不能錯過那裡！」當我與那位年輕的印度人道別時他如此說著。我們之

露營地上的鴨梨，別懷疑，那可是免費的。

後的確也遊覽了阿德雷德附近的丘陵酒莊，但那卻是在第二次跨陸之旅時。

　　離開了波特蘭，目的地是阿德雷德近郊的Hahndorf小鎮，而返回阿德雷德的路程也成為我們第一次跨陸之旅的尾聲。從波特蘭往阿德雷德的路程其實並不算太遠，但是那一早的天氣卻很驚人，最詭異的是我的手機收到一封來自維多利亞警方的警告訊息，由於它實在是太特別了，現將那訊息原文抄錄於下：

VicPolice

Extreme weather in Vic expected Mon night &Tues. High wind & fire risk. Listen to Local AB C Radio for emergency updates. Do not reply to this msg.

　　Vic是Victory的簡稱，msg則是message的簡稱，維多利亞警方之所以有我的手機號碼應該是從租車公司的資料裡取得的，這說起來應該是珍重生命的澳洲人所提供的貼心服務，因此我將這則手機簡訊一直保留到現在。在人與人日漸冷漠的今天，許多手機簡訊都是垃圾，無非就是廣告，不然就是電信公司的推銷訊息，維多利亞警方的這則簡訊儘管話不長，但是卻有濃厚的人情味。

　　那天的天氣果然一如維多利亞警方所預料的，車子一駛離波特蘭之後，惡劣的天氣便開始發威，我從未經歷過那樣的天氣。狂風大作、飛沙走石，被折斷的樹枝從擋風玻璃上越過，十足的電影情節竟讓我們在真實生活中給遇見了。若與颱風的威力相較，這樣的天氣或許不算是最惡劣的，但是又有誰會在颱風天裡出門的？我當然不敢大意，畢竟澳洲的天災惡名昭彰。行駛中我刻意減速，路的兩旁，不管是被狂風吹折的樹枝，或是田野裡

大風大雨加上濃霧。

被風雨夷平的麥田，或是荒地裡被狂風捲起的漫漫沙塵，都真實的在車窗外上演著。除了小心駕駛之外，還得防範路旁所落下的「不明物體」，有時一段斷木就橫在路上，一陣風雨之後又將它吹往他處，我們租用的韓國小車恍若在風雨裡飄搖的小舟。

　　我一路小心，誰知道在穿越維多利亞邊界時竟被一輛救護車給戲弄了。那時有輛救護車在我的車後閃著警示燈，但是速度卻

不快，由於誤認為那輛車是警車，所以我絲毫不敢大意地維持著法定速度。那輛閃著警示燈的救護車與我始終一直保持著一段距離，似乎是有意這麼做。因為距離的關係，我無法在雨霧中從照後鏡去判斷它到底是警車還是救護車，我當然懷疑過它是一部救護車，但似乎少有救護車開得這麼慢的。我在南澳的蠻荒中曾經遇過小鎮附近的警車執行巡邏任務的狀況，而且在當時那種風雨交加的惡劣天氣下任誰都不敢掉以輕心，於是繼續握緊方向盤，密切注意著後方的「警車」，這種僵持大約持續了數公里之遠，最後那輛「警車」在某個轉彎處突然揚長而去，故意鳴著喇叭的駕駛似乎是在慶祝他成功的戲弄我，這大約就是某些澳洲人的黑色幽默吧！當時雖然一肚子火，但是想想倒也無妨，總之沒有什麼損失。我想那位駕駛之所以知道我是租車的旅人，多半是從車型判斷得知的，或者他也看見了車上坐的是兩位「外國人」。

　　維多利亞與南澳的交界處有許多盛產木材的地區，那些曠野裡的林地整齊的排列著，遠方濃墨般的烏雲加上近處的大雨，以及天上飛著的幾隻烏鴉，譜成了一幅很怪異的風景畫。約莫中午時分，抵達了南澳的Penola小鎮，這裡離阿德雷德尚有388公里，是南澳最重要的紅酒產地。由於Penola比起其他小鎮要大一些，因此我們決定在那裡解決中餐。停車之後，冒雨躲進了一家麵包店。這小鎮看來似乎少有外來客，因為店裡的人直往我們身上瞧，看得我們很不自在，狼狽地挑了兩張椅子很快坐下，同桌的是一位正在啜飲著咖啡的男子，他看著我，然後將手中的報紙放下。

　　「什麼風把你們給吹來了？這天氣可真誇張，你瞧鎮上的人們都無法外出了。」他飲下一口的咖啡之後與我聊了起來。

「我們要往阿德雷德的方向走，今早從波特蘭出發之後，惡劣的天氣便一直跟隨著我們穿越維多利亞到了南澳。」我一邊擦著額頭上的雨水，一邊與那位先生聊著，那看來四十多歲的先生似乎是一位商人。

「呵呵！那你們可真是幸運啊！這難得的好天氣你們竟然就這樣遇見了，你們是哪裡人？這小鎮很少有外國人路過的。」

小鎮附近的葡萄園是有名的酒莊區域。

「喔，我是台灣人，我們出來旅行三週了，請問你也是本地人嗎？」我問。

「我原是墨爾本人，因為經營酒的生意所以搬到這裡來，之前也曾經在阿德雷德住過。這區域的葡萄很適合生產紅酒，當你駛離這個小鎮之後，往阿德雷德的方向，會看見路的兩旁都是葡萄園，綿延十幾二十公里之遠；往阿德雷德的方向也坐落著零星的酒莊，這些葡萄酒莊園大都以生產紅酒著名。」那位先生果真是位商人，他有自己的酒莊，當他說起紅酒時，我經常無法理解他所說的內容，因為他所講的紅酒名稱大抵上都是法文。

「台灣的紅酒可比澳洲貴上許多，因為台灣並不產葡萄酒啊！」

「那麼在台灣買得到澳洲紅酒嗎？」那位先生望著我問著。

「當然有啊！智利、美國加州、地中海附近的紅酒，台灣都有得買呢！只是價錢當然比原產地貴上許多！」我說。

「改天我也想去台灣看看，我對台北101蠻有興趣的，說不定可以順便考察一下紅酒的市場。」那位先生說著說著便笑了起來。窗外風雨加交依舊，我們吃了肉派、喝了咖啡之後，便與那位先生說再見了。

他說的對，此去沿途盡是綿延不絕的葡萄園，各家酒莊就在葡萄園裡，光是在那區域裡的便有幾十家，說它是一條澳洲的葡萄酒之路是一點都不誇張的。

在澳洲，通常酒莊也提供品酒的服務，只是在那詭譎的天氣裡，大概沒有太多人有那種閒情雅興吧！

德國風的Hahndorf小鎮

抵達 Hahndorf（漢道夫）小鎮時約莫是下午四點，之所以會在此歇腳其實也只是隨機選擇的結果，因為阿德雷德的近郊風景都差不多──丘陵分布的葡萄莊園，而漢道夫這個很德國風的地名在第一時間吸引了我們。

風雨未停，在鎮上找了好一陣子，卻沒有發現任何經濟實惠的住宿，加上這裡似乎沒有露營地，但即使有，在那種天氣下恐怕也極不適合露營。於是，我們順著路邊的廣告招牌往附近的山丘上找去，最後在一家規模算是很大的渡假中心落腳。渡假中心除了小木屋之外也提供飯店般的服務，只不過經濟拮据的我們當然只能選擇最便宜的小木屋。

儘管時間尚早，但是我們卻已經感到飢腸轆轆，渡假中心的小姐推薦我們到鎮上的 German Arm Hotel 餐廳。這小鎮其實也就是一條通，當年由德國人所建立，至今仍散發著濃濃的德國味。主街上有著很美的林蔭，深秋的顏色染上了路旁的行道樹，那小巧的麵包店、打鐵舖、巧克力店、皮飾店等等一一羅列在道旁，一股濃厚的歐洲風在街道間流淌著。我們路過的澳洲小鎮何止成百，但是少有小鎮生得如 Hahndorf 一般可愛。這裡似乎與澳洲無關，或者說是與英倫無關，來自德國家鄉的一切被它的後人完整保留著，如同時空膠囊一般，散發散著明顯的日耳曼風情。那古樸的建築群反映著 1830 年代裡的一切，German Arm Hotel 餐廳便是一處最佳的證明。

Hahndorf 小鎮的林蔭大道。

　　原來以旅館營業的餐廳始建於 1839 年，這一百七十年來的時光並沒有在它身上留下太多的改變，古樸的老宅依舊是原初的模樣，甚至在1990年翻修時，主人還刻意以阿德雷德碼頭倉庫裡一批具有五百年歷史的報廢木頭當作是重建的建材，因此當我們在那餐廳裡用餐時總感到一股五百年的歷史氛圍在那空間裡縈繞著。餐

廳裡的食物當然與德國飲食有關，只不過經過時間與地域的熬煮，它的菜單也加入了許多澳洲特色。餐廳裡當然也供應德國啤酒，由於主人的努力經營，German Arm Hotel 餐廳經常是南澳觀光當局的表揚對象。用餐完畢，風雨稍歇，藉著微暗的光線，信步漫行於街上。聽說這鎮上的許多人在阿德雷德工作，由於兩地僅距離三十公里，所以他們寧願選擇通勤也不願意住在城市裡，而阿德雷德市區的公車也有往來兩地的班次，因此許多阿德雷德的居民也會趁著週末到小鎮渡假。

漢道夫小鎮是由丹麥籍船長 Dirk Meinhertz Hahn 所命名，很顯然的是以他的姓作為命名的依據。根據記載，Dirk Meinhertz Hahn 是一位優秀的船長，他不僅通曉不同語言，而且善於協調，勇於任事。儘管小鎮與丹麥船長略有淵源，但整部小鎮的歷史卻直接與德國有關。

1. Hahndorf小鎮上的德國餐廳。

2. 德國餐廳的內部以五百年的老木做為建材。

3. 我們所點的拼盤。

　　1838 年 8 月，一艘名為Zebra的船從德國漢堡出發，該船的船長正是丹麥籍的 Dirk Meinhertz Hahn，他們的目的地是南澳的 Misey 港。四個月後該船抵達了澳洲，船上除了有 16 名船員與近兩百位乘客之外，還運載著許多物資，例如鞋子、磚塊，其中還包括啤酒、醋與豬肉等等民生物資。不幸的是在航行途中，一些乘客不幸喪生，晚期在船上喪生的旅客在靠近袋鼠島時舉行了海葬，他們的遺體在此永遠的沉入了大海。當船抵達阿德雷德港時，全船有188位乘客安全抵達了他們心目中的新大陸──澳洲。Zebra 號是歷史上第三艘載運德國移民至澳洲的船隻，而漢道夫小鎮與這三次移民都有關係。現今小鎮上的德國後裔先後來自於這三艘船上的德國先民，

Hahndorf 小鎮的街景，德國國旗正　　小鎮上的店招也有濃厚的德國風味。
飄揚著。

而 Zebra 號上的德國人又是這三次移民中人數較為眾多的一次。

三次的德國移民大多選擇在漢道夫落腳，原因在於彼此可以互相照應，此地於是很快的有了發展。最初小鎮上的德國家庭據說有五十二個，他們都是為了逃避故鄉的宗教迫害而選擇流亡到南澳來。當時的德國有著嚴重的宗教衝突，這些原籍德國普魯士的居民最後被迫流亡海外。有趣的是這種「流亡」其實至今依舊存在於澳洲，只不過假宗教之名的迫害換成了另一種社會歧視，例如東南亞各國的同志往往因為不見容於祖國的民風而遷居澳洲，因為澳洲人的確對於這樣的議題較為寬容；這種現象平常不易察覺，但是到了同志大遊行的期間就很容易觀察到，我們便認識因為這種原因而移民澳洲的馬來西亞華人。

1. 德國式的建築是小鎮最大的資產。

2. 依舊保持古味的小鎮有著很濃的歐風。

3. 小鎮上連中餐廳的店招都別有風味。

4. 小鎮的櫥窗。

小鎮上的公共藝術作品。

一次大戰期間，澳洲由於與德國處於敵對狀態，因此許多德國地名被改名，漢道夫當時也不能倖免地被更名為 Ambleside，這個名字一直沿用到 1935 年，1935 年之後又被改回了原來的 Hahndorf，不過 Ambleside 這個名字多多少少在附近的區域仍舊被沿用著。

那晚的風依舊狂野，雨依舊猛烈，矗立於丘陵之上的小鎮似乎有一種深秋般的憂傷。遠方的天際仍透著天光，我們趁著天未完全黑之前返回了住處。入夜之後，除了在小木屋之內看電視、喝茶、寫日記之外，別無他事可做。

隔日一早，天氣放了晴，山丘上的種種完全不同於昨日。由於我們得在中午之前回到阿德雷德還車，因此趁著時間尚早回到了小鎮。行道樹猶然掛著昨天的雨滴，遭風雨肆虐洗滌的林蔭大道映著晶瑩的光彩，明亮的光線與透藍的天將小鎮襯托得美不勝收。信步走在街上，看著深秋的顏色慢慢綻開，這樣的美景與蠻荒大不相同。許多人認為澳洲沒有人文風景，這種說法似是而非。儘管澳洲的歷史短淺，但是它獨特的背景卻孕育了多元的人文風光，漢道夫小鎮不就是一個例子。許多德國人到澳洲旅行都會到這裡看看，那種咫尺天涯的感覺肯定有點陌生又有點熟悉。

　　鎮上的德國老宅幾乎已經全數改成了商店、餐廳，不過戀舊的澳洲人將所有建築物的內外都予以完整保留。行走其間，若非汽車川流於街道之上，提醒著人們這是二十一世紀的現代，否則常有誤闖時空之感。我在歐洲旅行時經常有那樣的感觸，那是因為歐洲處處是古蹟，處處都有著古樸的韻律，但是在澳洲旅行時這樣的感觸卻不多，我想漢道夫小鎮應該是繼塔斯馬尼亞島之後再次讓我有著這樣懷古心情的地方。當年因為躲避迫害而將祖國的文化、建築帶至南澳的丘陵落地生根，百年之後，當年的胼手胝足已經成就了一座異國風味濃厚的小城，德意志的風情在這裡發揚，那些古老建築也依然散發著當年的光芒。

　　我們於中午之前返回了阿德雷德，這一趟旅程也算是到了最後的尾聲，租車公司的人將車子檢查一遍無誤後，主顧雙方便開心地說再見。午後我們又回到了阿德雷德的鬧區，周四的節目特別多，大大小小的街頭賣藝者都在廣場上表演著。晚上住宿YHA，似乎有許多台灣的年輕人也住在那裡，這趟旅程就在這裡畫下了句點。

小鎮裡的一扇窗。

澳洲旅遊資訊

交通篇

飛機

　　澳洲畢竟是一塊廣袤的大地，用地廣人稀來形容澳洲是一點都不為過的，於是當你在遼闊的澳洲土地上旅行時，國內線飛機航班便成為最普遍的選擇，而且澳洲的幾家航空公司經常舉辦促銷活動，若是你的速度夠快，往往也能搶到物美價廉的機票。

　　澳洲國內線分別有以下幾家較大的航空公司

　　以上的每一家航空公司均可在他們的網站上透過信用卡購票，你當然也可透過當地的旅行社代為訂購，一般當地旅行社會依據票價每張再收取澳幣（AUD）約15—30元之內不等的手續費。

Virgin Blue

http://www.virginblue.com.au/

Jetstar

http://www.jetstar.com/au/en/index.aspx

Qantas

http://www.qantas.com.au/

Tiger Airways

http://www.tigerairways.com/au/en/index.php

火車

過去澳洲的火車系統與印度的情況非常相似——各省的軌距不一。遲至1970年澳洲聯邦政府才將不同的系統整合成為單一的軌道系統（The Ghan路線則遲至2003年），但是即使如此，目前各省火車系統到目前仍然是由各省獨立經營，換言之，澳洲並沒有一家全國性的火車公司，因此當旅客要前往鄰省時就必須透過旅行社或各火車公司直銷處購買車票及處理訂位事宜。

除非你喜歡火車之旅，或是你僅僅在同一區域的某省內旅行，否則選擇火車旅行並非是絕對必要的，這是因為澳洲的火車票價相較而言相當昂貴，且旅行時間又十分漫長。

與南澳為鄰的火車系統叫做Great Southern Rail，你可在以下網址內找到詳細資訊：http://www.greatsouthernrail.com.au

Great Southern Rail提供以下三種服務：

The Ghan　這種火車在澳洲十分有名，原因在於它的興建過程最為艱難，同時它也是澳洲境內唯一一條通過澳洲內陸沙漠的火車，非常多火車迷慕名而來乘坐，在澳洲旅遊旺季時該火車的車票更是一票難求。這火車往返南澳首府阿德雷德（Adelaide）與北澳首府達爾文（Darwin）之間，中途會停靠北澳非常有名的內陸城市愛麗絲泉（Alice Springs），可在這兒前往被稱為「澳洲中心」的烏魯魯（Uluru）。

Indian Pacific　這種火車是由西澳的首府柏斯（Perth）連結到新南威爾斯的首府雪梨（Sydney），全長4,352公里，它沿著海岸線橫越了印度洋與太平洋，由於距離遙遠，因此全程需在火車上度過三個晚上。

The Overland　該路線在南澳首府阿德雷德（Adelaide）與維多利亞首府墨爾本（Melbourne）之間往返，全長共828公里。

Great Southern Rail有兩種套票提供給旅客，分別是Ausrail Pass（可無限次乘坐全澳長途火車）和Rail Explorer Pass（可無限次乘坐Great Southern Rail三鐵路的火車），後者用YHA卡和國際學生證，均可享有澳幣100元的折扣，全票價前者是澳幣990元後者為澳幣690元。兩種套票的有效期均為六個月，購買者在購買時必需出示護照購買，並且於購買之後不得將套票轉讓他人。這兩種火車服務在出發前均先預約訂位。

長途客運（Bus）

澳洲灰狗巴士公司（Greyhound Australia）

http://www.greyhound.com.au/

該公司為澳洲規模最大的長途客運公司，在全澳洲各地的主要城鎮均有它的服務站或停靠站，除了單程運輸交通之外，該公司也提供旅客不同選擇的套票，詳情可在它們的網站上查詢。

OZ Experience

http://www.ozexperience.com/

該公司主要提供背包客熱門旅行路線的交通服務，它亦有不同的套裝行程可供選擇，由於它的目標群設定在年輕的族群，因此也獲得不少青年背包客的喜愛。

租車

　　澳洲各省均有不少的租車公司，規模往往有很大的差異，而我們則比較偏愛規模較大的租車公司。通常這種公司也是全球性連鎖的，因為它們的服務點較多，資訊也比較容易在網路上找到；並且這種公司經常有促銷活動，同時它們提供的車種選擇也比較多；另外一個重點是這種公司通常也提供單向的租車服務（甲地租車乙地還車），不過這種租車方式也會被要求支付非原地租車的手續費（Relocation fee），愈是人煙稀少的地區，則收取的手續費愈高。

　　澳洲全國性的租車公司有以下幾家

Europcar

http://www.europcar.com.au/

Budjet Car Rental

http://www.budget.com.au/

Thrifty Car Rental

http://www.thrifty.com.au/

Hertz Car Rental

https://www.hertz.com.au/

AVIS Australia

http://www.avis.com.au/

住宿篇

YHA Australia

　　在澳洲各大城，有很多大大小小不同的便宜旅館，價位差不了多少，但旅館素質則非常參差不齊。在澳洲比較有規模及設備較為完善的便宜旅館應該就是YHA。YHA的分佈點十分廣泛，只要是熱門旅遊點，幾乎就會有至少一家加盟的YHA在那裡，甚至有些旅遊點，例如某些國家公園內，唯一可以提供住宿的地方，可能就只有一家YHA，所以在澳洲旅行時，一張YHA卡幾乎就是必備的證件。

Caravan Park

　　在澳洲開車或租車旅行的話，很多旅人會選擇住進這種綜合式露營地，由於澳洲大多數的Caravan Park多位於城鎮的郊區，因此，沒有車子的話，的確是不甚方便。從某個角度來看，Caravan Park比較像是一個度假中心，其內提供不同價位的獨立式小木屋及露營地出租，比較有規模的Caravan Park設施非常完整，在此推薦BIG 4 Holiday Parks，其網址如下http://www.big4.com.au/

　　Caravan Park這類中心，其營地分有電力供應及無電力提供兩種，在價位上當然是前者較貴；同時露營地區也有私人衛浴的設備提供選擇，若是你選擇的是有電力供應及獨立私人衛浴的話，那麼其價位約為澳幣30元起（兩人）。至於Caravan Park裡的獨立小木屋，其價格亦是以兩人計價的，若有多出的成員則必須要額外收取費用。簡言之，澳洲的住宿是以人為計價單位的。

Hotel 或 Motel

澳洲各大小旅遊城鎮均有很多Hotel 或 Motel選擇，雙人房約為澳幣100元起跳，這種住宿也可透過全球各訂房網站查詢價格及訂房，對於背包客而言，我們並不建議這種住宿。

旅遊資訊及協助

澳洲是一個非常重視旅遊的國家，因此在各大小城鎮內都可以找到他們的旅遊資訊中心或資訊站，你也可以透過這種中心找到各種當地旅遊和活動資訊，當然，你也可以透過這些旅遊資訊中心尋找各種類型的住宿、租車及報名當地的活動。

What' s Travel 002

越過邊境——從蠻荒到大洋

作　　者：李昱宏
總 編 輯：許汝紘
副總編輯：楊文玄
美術編輯：楊詠棠
行銷經理：吳京霖

發　　行：楊伯江、許麗雪
出　　版：佳赫文化行銷有限公司
地　　址：台北市大安區忠孝東路四段 341 號 11 樓之三
電　　話：（02）2740-3939
傳　　真：（02）2777-1413
www.wretch.cc/ blog/ cultuspeak
http://www. cultuspeak.com.tw
E-Mail：cultuspeak@cultuspeak.com.tw
劃撥帳號：50040687 信實文化行銷有限公司

印　　刷：彩之坊科技股份有限公司
地　　址：新北市中和區中山路二段 323 號
電　　話：（02）2243-3233

總 經 銷：時報文化出版企業股份有限公司
地　　址：新北市中和區連城路 134 巷 16 號
電　　話：（02）2306-6842

2011 年 3 月　初版
定價：新台幣300元

更多書籍介紹、活動訊息，請上網輸入關鍵字　華滋出版　搜尋　或　高談文化　搜尋

國家圖書館出版品預行編目資料（CIP）資料

越過邊境：從蠻荒到大洋／李昱宏著.
初版──臺北市：佳赫文化行銷，2011.03
面；　公分 ──（What's travel；2）
ISBN：978-986-6271-39-7（平裝）
1.旅遊　2.攝影集　3.澳大利亞

771.9　　　　　　　　　　　　　100002264